LE MISANTHROPE

COMÉDIE

Par MOLIÈRE

ÉDITION CLASSIQUE

PRÉCÉDÉE D'UNE NOTICE LITTÉRAIRE

Par F. Estienne

PARIS.

IMPRIMERIE ET LIBRAIRIE CLASSIQUES

De JULES DELALAIN

IMPRIMEUR DE L'UNIVERSITÉ

Rues de la Sorbonne, des Écoles et des Mathurins.

1863

NOTICE SUR MOLIÈRE.

La comédie fut plus prompte à se montrer parmi nous que la tragédie; et cependant elle parvint plus tard à sa perfection. Quand la France, sous la main puissante de Richelieu, se fut reposée et reconnue avec la pleine conscience de ses forces, le génie tragique, dans sa plus haute expression, éclata sur notre théâtre; mais la comédie, dont les siècles précédents avaient vu déjà de nombreux et d'heureux essais, dut encore attendre ses chefs-d'œuvre. Celui à qui il était destiné de nous les donner naquit seulement à Paris le 15 janvier 1622.

Ce fut rue Saint-Honoré, dans l'arrière-boutique d'un maître tapissier [1], qui fut peu après attaché à la maison du roi, que vint au monde le maître futur de notre scène comique. Le père s'appelait Jean Poquelin ; la mère, Marie Cressé : mais le fils, d'après un usage alors assez répandu et conservé même depuis au théâtre, prit par la suite un nom distinct de son nom de famille, celui de Molière, qu'il illustra [2].

L'enfance du jeune Poquelin (désignons-le d'abord par ce nom qu'il devait naturellement porter longtemps) n'a pas laissé de traces certaines : on ne saurait s'étonner qu'elle ait été obscure comme sa famille. Tout ce que l'on connaît,

1. Elle était placée au coin de la rue des Vieilles-Étuves.

2. Quel motif détermina ce choix? c'est ce que l'on ne saurait dire avec précision. On voit seulement que ce nom sonnait bien à l'oreille et se retenait sans peine ; c'était de plus celui de plusieurs villages et seigneuries de France ; enfin il avait été porté tout récemment par un auteur de romans assez goûtés du public.

c'est qu'il perdit à dix ans sa mère encore très-jeune et dont il avait été le premier-né. Quelques années après, comme le jeune homme annonçait du goût et des dispositions pour l'étude, son père, qui ne manquait pas d'aisance, le mit à même, en le plaçant au collége, de cultiver le germe de ses rares talents.

Il fit choix d'une maison d'éducation dirigée par les jésuites, depuis près d'un siècle, avec un éclatant succès : c'était le collége de Clermont, dont le nom, qui rappelait son fondateur [1], devait s'échanger bientôt contre celui de Louis-le-Grand, qu'il a conservé. Le jeune Poquelin y passa plusieurs années très-fructueuses et y fit quelques précieuses connaissances, celles de Gassendi, qui l'associa aux leçons que recevaient de lui quelques élèves particuliers, de Chapelle et de Hesnault, poëtes de mérite l'un et l'autre, mais d'un caractère fort différent, du voyageur Bernier, et surtout du prince Armand de Conti [2], beaucoup moins âgé que lui, qui néanmoins n'oublia pas leur confraternité scolaire.

Au sortir de ses classes, capable de toutes les fonctions et de tous les travaux par la distinction d'un esprit bien préparé, il fit son droit, à ce que l'on assure, et peut-être même prit le titre d'avocat; mais il ne tarda pas à tout quitter pour céder au goût dominant qui l'entraînait vers le théâtre. C'est à vingt-trois ans environ qu'avec quelques compagnons qui partageaient sa passion il se jeta dans cette vie aventureuse où l'attendaient mille déceptions, et, finalement, plus de gloire que de bonheur.

Nous voyons donc, en 1645, et sous l'unique empire du penchant le plus fougueux, le jeune Poquelin, que n'y contraignait aucune nécessité de fortune, car sa famille avait de l'aisance, aucune difficulté de situation, car toute carrière libérale lui était ouverte, prendre, avec le parti de se faire acteur, le nom de Molière, sous lequel nous le désignerons désormais. Ce changement avait sans doute son motif dans

1. Guillaume Duprat, évêque de Clermont.
2. Le frère du grand Condé.

un juste sentiment d'égards pour sa famille, qui désavouait son dessein. Réuni, nous l'avons indiqué, à plusieurs jeunes gens qui appartenaient à d'honnêtes maisons comme lui, il forma une troupe qui s'établit à Paris sous la dénomination de l'Illustre Théâtre. En dépit de ce titre qui promettait, l'association et le théâtre ne durèrent qu'un an. Néanmoins un goût très-vif des œuvres et des représentations dramatiques s'était, sous les auspices de Richelieu, emparé de la nation. Mais, avec le puissant ministre de Louis XIII, avaient cessé d'exister dans le pays cette unité de pouvoir et cette paix publique qui sont nécessaires aux plaisirs de l'intelligence. Les folies de la Fronde allaient bientôt donner aux esprits et aux yeux d'autres préoccupations et d'autres spectacles. On ne sera donc pas surpris qu'à Paris plus encore qu'ailleurs, vers ce moment, les entreprises théâtrales n'aient pas aisément prospéré ou même subsisté.

Une vocation moins décidée n'eût pas survécu à cet utile contre-temps. Il n'en fut pas ainsi de celle de Molière. Abandonnant la capitale, où ses talents paraissaient méconnus, il se mit à courir la province, suivi des personnes qui s'attachèrent à sa fortune, et cette existence errante devait se prolonger plus de dix ans. Dans cet intervalle, au milieu de ces querelles civiles qui s'abaissent le plus souvent aux proportions d'une comédie ensanglantée, tandis que les Turenne et les Condé y jouent les rôles les plus divers et les plus bizarres, que l'on proscrit avec fureur et que l'on redemande avec enthousiasme Mazarin, que la cour apparaît tour à tour ou fugitive ou triomphante, c'est à peine si l'on peut distinguer à travers la tempête quelques-unes des traces de Molière. De 1646 à 1653, on ne fait que surprendre son séjour momentané ou plutôt son passage à Bordeaux, à Vienne en Dauphiné, à Nantes. Mais ce qui est très-vraisemblable, c'est que partout où il trouvait un spectacle et des spectateurs, il faisait, suivant l'occasion et le temps, de plus longues ou de plus courtes stations. Enfin on le trouve s'établissant à Lyon lors de la dernière des dates citées.

Après une agitation stérile, le royaume aspirait au repos.

Ce repos renaissant, qui fut confirmé l'année suivante (1654) par le sacre de Louis XIV, offrait aux jeux du théâtre et à Molière la perspective d'un meilleur avenir. Aussi, non content d'être applaudi comme acteur dans la seconde ville du royaume, voulut-il encore s'y faire applaudir comme auteur, et il donna une comédie de son crû et en vers, l'*Étourdi*, la première de celles qui peuvent véritablement passer pour son ouvrage. Jusque-là il en avait improvisé plusieurs, mais en prose et à peine écrites : elles défrayaient son répertoire, et leurs noms sont parvenus jusqu'à nous : c'étaient les *Trois docteurs rivaux*, le *Maître d'école*, le *Médecin volant*[1], *etc.*

Quoique l'on ait rapporté que, dans la grande vogue de la tragédie, Molière aborda lui-même ce genre et en représenta une de sa composition sur le sujet des *Frères ennemis*[2], avec trop peu de succès pour être tenté d'y revenir, ses prétentions ne s'étaient guère élevées jusque-là au-dessus de la farce et de la parade, où il excellait. La situation précaire qu'il avait acceptée, les déplacements, les courses sans fin qui en étaient la conséquence, en lui rendant presque impossible le travail fécond de la réflexion, semblaient le renfermer dans ces humbles régions trop peu dignes de lui. Tout entier, d'ailleurs, au soin de faire vivre sa troupe, il se bornait d'habitude au rôle ingrat de charger sa mémoire de la prose et des vers de ses devanciers. Quelle ne fut donc pas la vigueur native du génie de Molière, pour réagir contre les obstacles de tout genre qui menaçaient de l'étouffer! Il est vrai que tout forme les hommes supérieurs, tout, jusqu'aux misères de l'existence, où se nourrit leur observation profonde, où se trempe leur énergie.

Nous touchons au moment où le génie de Molière cessera

1. Quelques-uns de ces canevas ont depuis servi à Molière pour la composition des pièces qu'il a laissées au théâtre, et deux de ces prétendus essais ont même été conservés; mais, si la conception appartient à Molière, il ne semble pas qu'il en soit ainsi du dialogue, qui est négligé et grossier.

2. On sait que Molière proposa ensuite au jeune Racine de s'exercer sur ce même sujet, alors fort goûté : il venait encore d'être traité par Rotrou.

de s'ignorer lui-même et d'être ignoré des autres. La comédie de l'*Étourdi* eût suffi pour en être la révélation, puisqu'on y devait reconnaître, suivant les paroles d'un critique[1], « non pas le début hâtif d'un jeune cerveau, mais l'essai réfléchi d'un talent qui avait hésité longtemps à se produire. » Remarquons en passant combien ces délais, témoignage ordinaire de la sécurité des vrais talents, tournent au profit du mérite, qui peut ainsi atteindre sa juste et parfaite maturité. Une carrière nouvelle va désormais s'ouvrir devant Molière, qui, à l'âge de trente et un ans, fait décidément éclater la vocation d'un auteur dramatique. En outre, l'acteur de campagne, par une transformation non moins considérable, va devenir un acteur de cour. Ce changement sera l'œuvre d'un petit nombre d'années, après lesquelles cette carrière, jusque-là si obscure, si difficile à suivre dans sa mobilité aventureuse, brillera en quelque sorte des splendeurs du règne de Louis XIV, auxquelles elle sera mêlée.

Le séjour de Molière à Lyon fut assez prolongé, puisqu'on l'y retrouve encore en 1655 : à cette époque, une circonstance très-heureuse pour lui le fit mander à Pézenas, où se tenaient les états de Languedoc. Cette assemblée était placée sous la présidence d'Armand de Conti, qui saisit cette occasion de se faire le patron de son ancien condisciple, et par intérêt pour sa personne et par goût pour le théâtre, dont il lui arriva dans la suite d'être un des plus violents adversaires. Sous l'influence de sa réputation croissante, Molière, après le départ du prince, fut appelé, à la fin de 1656, pour servir aux divertissements de Béziers, où il y avait une nouvelle réunion des états; et dans cette ville parut sa seconde comédie, postérieure à la première de trois ans, le *Dépit amoureux*, également en vers et de la plus piquante gaieté.

Encouragé par ses deux succès, et sentant dès lors tout ce qu'il valait, le comédien auteur songea à se rapprocher de la capitale pour tirer parti, on peut le croire, des promesses de protection qu'il avait reçues. Il quitta le Languedoc dans

1. M. Bazin.

les premiers jours de 1658, passa le carnaval à Grenoble, alla faire quelque résidence à Rouen, et rentra ensuite à Paris, sans doute sous les auspices du prince de Conti, qui, en le recommandant, avait inspiré à la cour l'envie de le connaître. Presque après son arrivée, vers la fin d'octobre, il fut en effet admis à l'honneur de jouer en présence du roi, du duc d'Orléans et de leur compagnie.

Ce fut sur un théâtre qui avait été dressé pour cette occasion dans la salle des gardes du vieux Louvre, que s'accomplit cette importante soirée[1]. A la suite de la représentation du *Nicomède* de Corneille, Molière avait demandé la permission de récréer l'illustre assemblée par un de ces divertissements dont il régalait depuis longtemps la province. L'innovation eut un plein succès et valut à sa troupe le titre de « troupe de Monsieur, frère unique du roi. »

Parvenu à sa trente-septième année, Molière se trouvait ainsi en possession d'un théâtre (car il jouait trois fois par semaine dans la salle du Petit-Bourbon) et rendu au séjour de la capitale, qui promettait à son génie une meilleure culture et de plus fécondes inspirations. A la faveur d'une vie sédentaire, qui se prêtait davantage au travail et à l'étude des livres, non content de considérer les hommes et les choses avec cette attention profonde qui lui a valu le surnom de *contemplateur,* il put compléter l'instruction qu'avait reçue sa jeunesse. Dans le commerce des anciens, il apprit à les surpasser, en réunissant en lui seul toutes leurs qualités. D'Aristophane, il emprunta la netteté d'exposition, le mouvement et la verve; en lisant ce qui nous reste de Ménandre, si bien analysé de nos jours, on peut s'apercevoir qu'il n'était nullement étranger à ses beautés saines et délicates. Plaute et Térence, quoique imitateurs eux-mêmes, furent aussi l'objet de son examen. Enfin, si riche de son propre fonds, il n'omit aucune des ressources que lui ménageaient ses devanciers, leur empruntant tout ce qu'ils pouvaient lui procurer, et prenant son bien, il aimait à le dire, partout où il le trouvait,

1. 24 octobre 1658.

chez nous comme au dehors, en Italie notamment et en Espagne. Quant au théâtre de Shakspeare, il n'avait pas encore pénétré en France. Ajoutons qu'il feuilletait assidûment bien d'autres auteurs que les comiques : Platon, Horace, Lucien, Cervantes, et Pascal lui-même, lui suggérèrent, avec des mobiles d'intrigue et des ressorts, d'excellents détails pour son théâtre.

La société même où il vécut exerça sur le talent de Molière une influence décisive. Paris et la cour, on ne l'ignore pas, étaient cités alors comme des écoles de bon esprit et de bon langage : témoignage qui n'avait rien que de légitime[1]. C'était, d'ailleurs, un de ces rares moments où les grands écrivains doivent paraître, parce que tout dans le pays est préparé pour les accueillir, tout concourt à les former. Le caractère national avait quelque chose de net et de tranché qui appelait les pinceaux du peintre; le génie, en raison de ce qu'il avait encore d'inculte, était plus capable aussi d'atteindre à toute sa grandeur, sans être menacé de ce raffinement stérile qui est presque inséparable des époques trop cultivées. Quant à la langue, elle n'était pas faite assez complétement pour ne pas recevoir l'empreinte d'une puissante originalité, qui la transformât et l'enrichît.

A l'avantage de ces circonstances, dans le foyer intellectuel si actif où il était désormais placé, se joignit pour Molière celui d'être entouré de quelques amis capables de l'apprécier, et qui l'aiguillonnèrent par leurs conseils. Le principal d'entre eux fut Boileau, à qui il fut donné, par le privilége d'un goût infaillible, de voir et de juger d'avance comme la postérité. Dès l'abord, il comprit ce que l'on était en droit d'attendre de Molière, et il ne cessa de le lui demander.

Les applaudissements du public n'avaient pas tardé, du reste, à confirmer pour Molière, acteur et auteur, ceux qu'il

1. Les *Remarques* de Vaugelas sur notre langue constatent en effet que, liée à celle des femmes, l'influence de la cour a été des plus heureuses, au XVIIe siècle, pour le génie et le style français. De là cette délicatesse et cette mesure qui n'excluent pas la vigueur, et dont cette époque privilégiée a possédé le secret.

avait reçus de la cour. Pour justifier ces doubles suffrages, non content de son ancien répertoire, à l'occasion des fêtes qui célébrèrent le retour du roi, après que la paix et le mariage du prince avec l'infante d'Espagne eurent été arrêtés, il fit paraître la comédie des *Précieuses ridicules* : ce fut le 18 novembre 1659. On y admira la verve puissante de naturel empreinte dans le dialogue ; et, à la première représentation, un vieillard, se levant au milieu du parterre, s'écria, dit-on : « Courage, Molière, voilà la bonne comédie ! »

La bonne comédie, toutefois, s'était déjà produite sur notre théâtre, et c'était en 1642, avec le *Menteur* de Corneille : ainsi l'on dut à ce grand homme, outre les modèles les plus sublimes du genre tragique, la pièce qui devait conduire à la véritable comédie, celle de caractère. Bien que Molière n'eût que vingt ans lorsqu'elle fut jouée, on peut croire qu'elle frappa vivement son attention ; et, depuis, ses regards ne s'en détachèrent point, puisqu'il n'hésitait pas à dire : « Sans l'exemple du *Menteur*, je n'eusse jamais fait que des comédies d'intrigue. » Il est certain que l'art ne pouvait plus dès lors reculer : et, guidé par cette trace lumineuse, Molière en allait bientôt atteindre les sommets les plus élevés.

L'auteur de l'*Étourdi*, bien visiblement, se rattache à l'école créée par le *Menteur* ; mais, à partir des *Précieuses ridicules*, on le verra, le plus souvent, rejetant la complication des intrigues, s'inspirer du spectacle des mœurs et de la société de son temps pour les peindre, aussi bien que de la contemplation du cœur de l'homme. Néanmoins, avant les chefs-d'œuvre qui renouvelèrent notre scène, il donna encore quelques-unes de ces pièces de moindre importance où se faisaient pressentir ses plus rares qualités, et qu'il n'appartenait qu'à lui de dépasser, grâce aux nobles excitations des grands hommes qui l'entouraient. Dans une pièce bouffonne d'un acte, sous le titre de *Sganarelle*, écrite en vers excellents et qui obtint le plus grand succès, il offrit, l'année suivante, une esquisse de ce personnage qu'il se plut ensuite à reproduire sous plusieurs faces différentes, et avec lequel il s'identifiait volontiers. Peu après, pour inaugurer la salle du Palais-Royal, magnifiquement construite par Richelieu, et qui venait de lui être concédée, Molière voulut emprunter à l'Espagne une de ces comédies héroïques qu'elle avait mises à la mode. Mais *Don Garcie de Navarre*, en cinq actes et en vers, fut plus que froidement accueilli en février 1661, et la lecture de cette composition ne fit que confirmer l'arrêt porté par les spectateurs. Averti par cet échec, le seul qu'il ait subi au théâtre, Molière revint au type qui lui avait si bien réussi, et la même année il prit sa revanche dans l'*École des Maris*, où il imita de la manière la plus heureuse les *Adelphes* de Térence.

C'est tout à la fois une comédie de mœurs, de caractère et d'intrigue; ou, plus exactement, cette pièce marque le passage de la comédie d'intrigue à la comédie de caractère et de mœurs, c'est-à-dire « la substitution de caractères produisant des situations à des situations produites par une intrigue artificielle. » Ainsi, pour continuer avec un critique de nos jours[1], la vérité de la vie allait remplacer la vérité de convention; et sous la plume d'un puissant génie, observateur exact et fidèle interprète de la vie réelle, « les mœurs romanesques de la comédie d'intrigue faisaient place aux mœurs véritables de la nation et du temps, qui sont la couleur locale de la comédie : enfin, le langage, au lieu d'être un art, n'était plus que la nature elle-même parlant par la bouche des personnages, selon le sexe, le caractère, la passion, la condition. »

Cette année 1661 devait être l'une des mieux remplies et des plus importantes pour Molière; car elle vit encore paraître le modèle de ces comédies à scènes détachées, où un fil délié réunit, pour l'amusement du spectateur, une variété singulière d'incidents et de détails. Ce fut le fastueux Fouquet qui demanda les *Fâcheux* à Molière pour la fête où il étala si imprudemment devant Louis XIV et sa cour la magnificence de son habitation de Vaux; et il fut obéi vite et

1. M. D. Nisard.

à point, en sa qualité de surintendant, puisque Molière atteste que sa pièce, en trois actes et en vers, « fut conçue, faite, apprise et représentée en quinze jours. » Elle n'en mérita pas moins d'être applaudie par cet auditoire d'élite, et La Fontaine, en racontant à son ami Maucroix cette nuit pleine d'enchantements[1] dont il avait été témoin, n'avait garde de passer sous silence Molière et son ouvrage; il ajoutait à cette mention :

Cet écrivain, par sa manière,
Charme à présent toute la cour.
De la façon que son nom court,
Il doit être par-delà Rome :
J'en suis ravi; car *c'est mon homme.*

Ce même homme, selon La Fontaine, ramenait parmi nous *le bon goût et l'air de Térence :* aussi formait-il immédiatement avec lui une étroite société, que nous avons rappelée ailleurs et qui est bien digne d'un souvenir dans notre histoire littéraire. On regrettera seulement ici qu'un des hommes, qu'elle rapprochait d'une manière non moins charmante qu'utile, se soit dans la suite éloigné de Molière : ce fut Racine, qui eut plusieurs torts à son égard, et celui notamment d'oublier qu'il était son obligé, puisqu'il avait à la fois reçu ses conseils et ses services.

La représentation des *Fâcheux*, en étendant la réputation de Molière, eut surtout pour lui un avantage décisif, celui de lui ménager la faveur et la protection de Louis XIV, qui ne dédaigna pas même de se montrer son collaborateur, comme une autre fois il fut son commensal. Il lui suggéra, en effet, tout en le félicitant de sa comédie, l'idée d'y ajouter un caractère de fâcheux qu'il avait omis, celui du chasseur; l'original était un seigneur fort connu de la cour, qui obtint plus tard le titre bien mérité de grand veneur. Ainsi la pièce s'augmenta d'une scène très-piquante, et qu'à raison de son origine l'auteur ne craignait pas de déclarer, d'accord avec le public, disait-il, « le plus beau morceau de l'ouvrage. »

1. Du 17 au 18 août 1661.

C'était peu de mois après que Louis XIV, par la mort de Mazarin, arrivée le 9 mars 1661, était devenu véritablement roi de France; et dès lors, comme on l'a observé, entre le jeune monarque âgé de vingt-trois ans et le comédien auteur mûri par l'âge et les succès, s'établit une sorte de convention tacite qui devait toujours être maintenue : à celui-ci il fut permis, sous la sauvegarde du prince, de combattre sans relâche et sans pitié toute espèce de ridicule, mais à la condition d'amuser le souverain et de ne dépouiller en aucun cas pour lui les sentiments d'un tendre respect. Certes, il ne fallait pas moins que cet appui à Molière pour assurer sa liberté d'action et sa sécurité dans la guerre qu'il entreprit dès ce moment plus que jamais contre les travers et les vices.

A ces circonstances si heureuses pour sa réputation et son influence se mêla un événement de grande importance dans la vie domestique de Molière. Parvenu à sa quarantième année, avec une santé déjà altérée par les fatigues et qui fut de plus en plus compromise, il épousa une jeune fille de dix-huit ans à peine, comédienne comme presque toute sa famille [1]. Ses travaux dramatiques n'en furent pas d'ailleurs ralentis, puisqu'au mois de décembre 1662 il donna l'*École des Femmes*, en cinq actes et en vers. Les applaudissements les plus vifs en accueillirent la représentation; et, ce qui ajouta à l'éclat populaire du succès, ce fut l'ardeur des critiques que suscita cette œuvre : car si les rieurs furent pour elle, ainsi que l'alléguait Molière sans avoir à craindre la contradiction, on en dit aussi beaucoup de mal. On parla de fautes commises par lui contre le goût, la bienséance et le bon langage. Mais tous ces reproches peu fondés, en redoublant par l'attrait de la curiosité et de la dispute le nombre des spectateurs, n'eurent pour effet que de provoquer, de sa part, une réfutation étincelante de verve et d'esprit : telle est la petite comédie de la *Critique de l'École des Femmes*, où les meilleures doctrines dramatiques et littéraires sont exposées dans une prose

1. Le 20 février 1662.

d'une facilité ingénieuse, image piquante et fidèle des conversations du monde élégant.

Fort du succès, et surtout de la faveur royale qui l'autorisait, Molière n'était plus seulement un acteur en renom et un auteur applaudi : c'était un personnage avec qui il fallait compter, et qui, par sa juridiction sur les ridicules, par son droit de parler au public, était en mesure de faire repentir quiconque osait l'attaquer. C'est ce qu'on vit encore, peu après la *Critique* et dans la même année 1663, par l'*Impromptu de Versailles*, où il ne craignait pas d'exercer contre ceux qui le provoquaient des représailles ouvertes, et cela en son nom, sans taire ou voiler celui de ses ennemis, avec une liberté voisine de la licence et qui rappelait la fougueuse âpreté d'Aristophane.

Vers ce même moment, Molière recevait de Louis XIV un témoignage d'estime qui, réagissant contre d'injustes dédains, l'élevait de beaucoup au-dessus de sa position sociale. Lorsque, avec cette initiative généreuse qui caractérisa si heureusement cette époque de son règne, le monarque, par une mesure vraiment digne du rang suprême, distribua des pensions aux hommes de lettres, aux savants ou aux artistes qui honoraient le pays, Molière fut compris pour la somme de mille francs dans ces libéralités du prince, ou plutôt de l'État. Sur cette liste glorieuse, il figurait sous le titre « d'excellent poëte comique ; » et ces distinctions publiques n'étaient pas les seules dont il était l'objet. Il s'y joignait des faveurs privées qui n'étaient pas moins flatteuses ni moins significatives. Un fils, qui vécut peu, lui étant né au commencement de 1664, Louis XIV fit à Molière l'honneur de tenir cet enfant sur les fonts baptismaux avec la duchesse d'Orléans, Madame Henriette.

On le remarquera à l'honneur du souverain : ses bienfaits eurent un caractère de persistance, très-propre à décourager les ennemis de Molière. Plusieurs officiers de la cour ayant affecté de ne pas s'asseoir à table près de lui, quand le titre de valet de chambre tapissier, que lui avait transmis son père, l'attachait au service du palais, le roi, pour donner une leçon à cette fierté sotte et malveillante, prit un jour le soin *de le faire manger lui-même* en public, convaincu qu'il ne dérogeait pas en déjeunant avec un grand écrivain. C'est là ce que son siècle, entre beaucoup d'autres choses, avait encore à apprendre de lui. Plus qu'aucun homme de cette époque, Louis XIV, il faut le reconnaître, eut le sentiment de toutes les grandeurs. Ce tact, qui créait la véritable égalité moderne, doit, en effaçant ses fautes aux yeux de la postérité et protégeant son souvenir, lui donner une consécration populaire.

En retour de cette bonté si constante et d'une affection, qu'on osera dire partagée, qui fournit à Molière son point d'appui, que lui demandait le souverain? de continuer à charmer son siècle et à illustrer son règne par ses productions, où tant de gaieté s'alliait à tant de raison, on peut ajouter de courage; car mettre la vérité sur la scène et la faire applaudir ne fut pas toujours sans péril pour Molière. Quoi qu'il en soit, dans cette cour amie du plaisir, mais sensée à l'exemple du prince, où l'on ne goûtait que les plaisirs distingués et délicats, il était devenu l'âme de toutes les fêtes royales. Ce fut pour les animer que Molière écrivit alors les comédies du *Mariage forcé* et de *la Princesse d'Élide :* la première, en prose et chargée d'incidents comiques, la seconde, plus grave, empruntée au théâtre espagnol et qu'il avait voulu mettre en vers; mais, faute de temps, il ne put réaliser son intention que pour une très-petite partie de l'ouvrage, et l'on a dit spirituellement qu'en cette occasion « la comédie n'avait eu le loisir que de prendre un de ses brodequins, et qu'elle était venue donner des marques de son obéissance un pied chaussé et l'autre nu. » Avec cette déférence empressée et naturelle, puisqu'elle était récompensée si bien et de si haut, Molière n'épargnait pas son dévouement. Pour répondre aux désirs du maître, et en quelque sorte sous son inspiration immédiate, il composait à tout moment ces divertissements que l'on trouve çà et là mêlés à son théâtre, ces intermèdes et ces entrées de ballet adaptés à des actions comiques, où il n'était pas rare que le roi parût en personne sous divers déguisements. Telle fut aussi l'origine des pastorales de Molière, héroïques ou autres, en un mot de tous ces impromptus faits, appris et joués presque aussitôt, où s'associaient « les airs, les symphonies, les voix et les danses. » On le voit notamment à Versailles, en mai 1664, dans une seule semaine, dont tous les jours étaient consacrés aux plaisirs, représenter devant le monarque, entouré des seigneurs et des dames, le *Mariage forcé*, la *Princesse d'Élide*, les *Fâcheux* et *Tartufe*, au moins les trois premiers actes de cette comédie, que Molière essayait dès lors devant un auditoire d'élite, et qui ne fut achevée qu'ultérieurement et rendue publique que plusieurs années après.

Cette pièce et une autre, peu après donnée en février 1665, le *Festin de Pierre*, dont le sujet moins original nous venait des théâtres de l'Italie et de l'Espagne, en éveillant les scrupules respectables d'une piété sans doute peu éclairée, ne pouvaient qu'augmenter le nombre des ennemis qui ne manquent jamais aux poëtes satiriques et comiques. Aussi, attentif à ménager les protecteurs qu'il trouvait dans la famille royale, ne négligeait-il pas de les intéresser à ses ouvrages attaqués, en les plaçant sous leur patronage : de là ses dédicaces à la reine mère, au frère du roi, à la duchesse d'Orléans. Fort considéré des hommes influents, qui avaient bien vite pris pour lui les sentiments du maître, il savait, tout en se servant de leur crédit, disputer contre eux avec succès sa liberté et son temps : témoin des vers où, s'adressant à Colbert, il excusait et ses pareils et lui-même de réserver pour leurs travaux des loisirs qu'une assiduité onéreuse eût dévorés [1]. Il était donc loin de se prodiguer à ceux qui recherchaient sa compagnie : c'étaient les plus illustres du grand siècle. Le prince de Condé, si bon connaisseur, attirait volontiers Molière à Chantilly et se proclamait très-curieux de son commerce. Dans le nombre de ses admirateurs, Mme de Sévigné

1. Les grands hommes, Colbert, sont mauvais courtisans;
Peu faits à s'acquitter des devoirs complaisants,
A leurs réflexions tout entiers ils se donnent,
Et ce n'est que par là qu'ils se perfectionnent :
L'étude et la visite ont leurs talents à part.

nous montre le cardinal de Retz, revenu de la politique et tout au goût des choses de l'esprit, captivé par les lectures que Molière lui faisait de ses ouvrages.

Au mois d'août suivant, sa troupe, qui avait été jusque-là la *troupe de Monsieur*, devint la *troupe du roi* et reçut, outre ce titre, une pension de sept mille livres. Au comble de la faveur, il ne restait donc plus à Molière qu'à justifier par un chef-d'œuvre, avec tant de marques de la bienveillance royale jointe à la sympathie publique, l'attente généralement conçue de lui : et c'est ce qu'il fit par le *Misanthrope*, qui parut le 4 juin 1666.

Rarement, on le sait, un ouvrage supérieur, dramatique ou autre, est tout d'abord mis à sa place réelle par l'admiration contemporaine. Au temps seul il appartient de dispenser à quelques productions ces suffrages exceptionnels, qui sont l'apanage des modèles véritables. Le *Misanthrope*, malgré son mérite sérieux et peu abordable à la foule, ne laissa pas cependant d'être fort bien accueilli. Molière assurait, dit-on, en appréhendant l'épreuve de la représentation, « qu'il n'avait pu et ne pourrait faire mieux. » Mais il est certain que le public, en rendant justice à ses nobles efforts, montra qu'il était digne de tels travaux, dont l'appréciation juste témoignait d'un notable progrès. Les gazettes et les mémoires de l'époque attestent que le *Misanthrope* fut joué avec un succès très-satisfaisant à Paris, avant de faire son apparition à la cour, où de prétendues ressemblances, cherchées entre des personnages très-connus du monde et ceux de la pièce, lui donnèrent une nouvelle vogue.

Là, plus que jamais, sans recourir au jeu compliqué des incidents et des intrigues, Molière, par un effort de génie, chercha tout l'intérêt dans les passions et fit jaillir uniquement le comique du fond des caractères. Indulgent et aimable précepteur de l'humanité, il opposa au vice et même à l'excès de la vertu le frein de la bienséance; il réalisa enfin, dans le *Misanthrope*, le type idéal de la haute comédie.

L'Europe, en ce genre, ne connait rien de supérieur au *Misanthrope*, comme l'a proclamé Voltaire. Par malheur, au moment où, dans la pleine maturité de ses talents, Molière atteignait une élévation auparavant inconnue et qui ne devait point être dépassée, ses forces physiques déclinaient d'une manière sensible, et tout semblait annoncer que sa carrière serait prématurément interrompue. Ce qui eût été à souhaiter, ce que lui demandaient avec instance ses nombreux amis, c'était qu'il abandonnât la direction de son théâtre et son métier d'acteur, incapable qu'il était de résister longtemps à tant de fatigues. Mais, d'une part, l'attrait des applaudissements publics le retenait, car il excellait par son jeu et par son débit comique non moins que comme écrivain; de l'autre, il se croyait enchaîné à la destinée de ses camarades, dont il savait bien qu'il ne pourrait se séparer sans un très-grave préjudice pour leurs intérêts.

C'est par cet honorable scrupule qu'il répondait à Boileau et à quelques autres dont l'attachement sérieux se livrait à de trop justes alarmes. En 1666 et 1667, il fut si gravement malade que l'on trembla pour les jours de « ce dieu du rire, » comme l'appelaient ses contemporains; mais ennemi des médecins, à l'art desquels il ne croyait point[1], il se bornait le plus souvent à chercher des secours dans un régime très-sévère, sans recourir au plus essentiel, le repos, que lui permettait la situation avantageuse de sa fortune. Augmentée de plus en plus par le produit de ses ouvrages, son aisance allait jusqu'à la richesse; dans sa résidence d'Auteuil, il pouvait offrir à ses amis une hospitalité très-libérale. Quant à lui, éloigné de tout genre d'excès, il vivait de laitage; mais le travail et surtout les veilles l'épuisaient: c'était une conséquence de sa situation à la cour. Toujours nécessaire à ses divertissements, il y donnait à la fin de l'année 1666 et au commencement de la suivante, malgré son état valétudinaire, une pastorale comique, la pièce encore inachevée de *Mélicerte*, enfin le *Sicilien* ou *l'Amour peintre*. Et dès les premiers temps de 1668, après avoir été précé-

1. Bien différents de ceux de nos jours, presque tous les médecins du temps de Molière étaient, il faut l'avouer, aussi ridicules par leur affectation de science que décrédités pour leur ignorance très-réelle.

demment fort occupé des interdictions portées contre son *Tartufe*, pour lesquelles il s'était adressé au roi pendant sa campagne victorieuse de Flandre, il faisait paraître *Amphitryon*, en trois actes et en vers libres, auquel *Georges Dandin* et l'*Avare* succédèrent à peu de mois de distance.

Dans cette dernière pièce, Molière, en évitant ce qu'on a pu lui reprocher parfois, trop de liberté dans le langage et l'intrigue, a opposé aux vices le correctif le plus puissant, le ridicule, et il a servi efficacement la morale, mise en action sur notre scène avec un succès des plus légitimes. Malgré ce que le sujet a de grave et même d'un peu triste, la piquante gaieté, la vérité et le mérite singulier des détails valurent en effet à la comédie de l'*Avare* de nombreux et durables applaudissements.

Ainsi la vogue ne cessait d'accompagner Molière, et c'était justice; car à mesure que nous approchons du terme de cette carrière si remplie, loin que des traces de lassitude s'y fassent sentir, c'est le privilége de ce merveilleux esprit que le nombre de ses productions redouble sans que leur éclat s'affaiblisse. Rare et incomparable nature d'écrivain, qui ne connut pas le déclin, pas plus qu'il n'avait eu des commencements et des progrès distincts, ayant tout à coup éclaté par des chefs-d'œuvre, et arrêté non moins brusquement au milieu de la plénitude de sa fécondité et de ses forces. *M. de Pourceaugnac*, les *Amants magnifiques*, le *Bourgeois gentilhomme*, les *Fourberies de Scapin*, la tragi-comédie de *Psyché*, modèle de nos opéras, où Molière eut, il est vrai, pour collaborateurs Corneille et Quinault, les *Femmes savantes*, la *Comtesse d'Escarbagnas* et le *Malade imaginaire* : tels sont les travaux qui marquent ses quatre dernières années.

Rien de plus divertissant, parmi ces pièces, que le *Bourgeois gentilhomme* et le *Malade imaginaire;* rien de plus élevé que les *Femmes savantes*, où, comme dans le *Misanthrope*, la perfection de l'art des vers égale le mérite achevé de la composition : et jamais poëte réformateur n'obtint un triomphe plus complet, puisque cette épidémie de science ambitieuse qui menaçait d'étouffer le naturel chez les femmes a été tout à coup arrêtée et sans retour [1]. Ce sont là les conceptions si diverses qui, d'un consentement unanime, ont assuré à Molière le premier rang sur la scène comique, non-seulement dans son siècle et chez nous, mais dans tous les pays et tous les temps.

Comment se défendre d'un sentiment de regret en songeant que des forces et une santé mieux ménagées, à la faveur d'une autre position sociale, eussent permis sans doute à Molière d'ajouter plus d'un ouvrage à ceux qui seront l'honneur immortel de notre théâtre? Mais, victime de son dévouement et de sa volonté trop opiniâtre, il ne survécut que quelques heures à sa dernière représentation. Huit jours s'étaient à peine écoulés depuis que sa comédie du *Malade imaginaire*, où il se vengeait, en se raillant, de la médecine impuissante à le guérir, avait inauguré les fêtes du carnaval, lorsqu'après la pièce, où il n'avait surmonté que par de grands efforts les fatigues de son rôle, il fut pris d'un vomissement de sang qui l'étouffa. C'était dans la soirée du 17 février 1673, et il venait seulement d'avoir cinquante et un ans. Il rendit le dernier soupir entre les bras de deux religieuses qui avaient reçu de lui l'hospitalité dans sa maison de la rue Richelieu, située en face du monument qui s'élève aujourd'hui en son honneur. Le matin même, on avait multiplié les instances auprès de lui pour l'engager à un court repos; mais il avait reculé devant la crainte de faire perdre *à de pauvres ouvriers* la journée de travail nécessaire pour les nourrir.

A la nouvelle, promptement répandue, de cette mort si pénible par le contraste même des réjouissances bouffonnes qui l'avaient précédée de peu d'instants, tous les amis et tous les admirateurs de Molière (entre lesquels Louis XIV témoigna qu'il n'était pas le moins touché) furent frappés de douleur. Enlevé tout à coup aux applaudissements, Molière dispa-

1. On rapporte que, peu après la représentation des *Femmes savantes*, Louis XIV demandant à Boileau quel était l'écrivain le plus extraordinaire du temps, celui-ci nomma Molière : « Je ne le croyais pas, répliqua le prince; mais vous vous y connaissez mieux que moi. »

raissait au milieu des splendeurs de ce règne dont, plus heureux à cet égard que bien d'autres, il ne vit que les jours de jeunesse, de triomphe et de gloire. La Fontaine consacra à son ami une épitaphe digne de l'un et de l'autre, et il est superflu de rappeler, comme présents à tous les esprits, les vers de Boileau sur sa mort, ces vers sur lesquels il semble à leur accent qu'une larme a dû tomber, une larme qui honore également la mémoire de ces grands hommes. Mais la vie de théâtre n'avait pas eu seulement pour triste effet de dévorer avant l'âge cette précieuse existence; le nom de comédien frustra encore Molière des hommages si justement acquis à l'auteur. C'est ce qui l'empêcha notamment d'appartenir à l'Académie française. Dans la suite, ce corps illustre voulut au moins posséder l'image de celui qu'il n'avait pu compter parmi ses membres et plaça dans son enceinte le buste de Molière, avec ce vers de Saurin pour inscription :

Rien ne manque à sa gloire; il manquait à la nôtre.

Malheureux dans son intérieur, nous l'apprenons des contemporains, Molière avait vu mourir ses deux fils : le premier, celui que Louis XIV avait appelé de son nom; le second, qui naquit le 15 septembre 1672 et succomba presque aussitôt. Un seul enfant lui survécut, une fille, née en 1665, qui par son esprit, à ce que l'on assure, n'était pas indigne de son père, mais qui elle-même ne laissa pas de postérité. Ainsi ce nom qu'il avait adopté, et que si peu d'années avaient entouré de tant d'illustration, Molière n'eut pas d'héritier pour le recueillir.

Considéré comme homme, cet observateur si fin des travers et des folies de la société, ce railleur si malicieux sur la scène, était, dans le commerce ordinaire, inoffensif et facile à vivre. Il n'était dépourvu d'ailleurs ni de fermeté ni de hardiesse, et, en sa qualité de poëte, il avait dans l'humeur quelque chose d'impatient et d'irritable; mais, incapable de ressentiment, il était prompt à pardonner, avec une indulgence philosophique, les torts que l'on avait envers lui. Jamais on ne faisait vainement appel à la bonté de son cœur. Nous ne redirons pas les traits de bienfaisance que l'on a souvent cités de lui : observons seulement, avec l'un de ses panégyristes[1], qu'humain et compatissant, « il assignait aux pauvres un revenu annuel sur ses revenus. » Dans la vie périlleuse qu'il eut l'imprudence d'embrasser, si Molière eut des écarts de conduite et commit des fautes, au moins ne blessa-t-il jamais l'honneur : et sa probité, sa droiture, ne furent pas même contestées sérieusement de ses ennemis. S'il aimait assez la représentation, c'était sans en faire sentir le poids à ceux qui ne pouvaient l'imiter. Simple, au contraire, avec eux et généralement modeste, sa fortune et surtout la conscience de son génie ne le rendaient fier que lorsqu'il fallait tenir tête à la médiocrité vaniteuse ou à l'orgueil de la naissance. Du reste, éloigné de toute rivalité inquiète, il était heureux de mettre les talents en lumière, et il ne reculait pas devant des sacrifices pour en augmenter le nombre. Aussi ceux qui prisent les hommes, non d'après leur rang, mais d'après leur caractère, s'accordaient-ils à lui accorder leur estime.

A ces louables qualités Molière joignait, pour son malheur, une sensibilité très-vive, accompagnée de ce penchant à la mélancolie inséparable peut-être de l'étude profonde de l'humanité, et qui est l'attribut assez ordinaire des grands esprits forcés de se replier sur eux-mêmes. Chose triste et trop véritable : cet homme, dont la verve de gaieté a excité un rire si franc et si universel, le connut très-peu lui-même hors du théâtre ; les inquiétudes et les soucis le chassaient bien loin de lui. Rêveur et préoccupé, il aspirait en vain à ce bonheur qu'il eût trouvé dans une vie paisible et la jouissance sincère de quelques affections domestiques. Celles de la famille, dont son cœur avait besoin, lui manquèrent. Dans un cercle d'amis, il se déridait sans doute, et sa conversation avait alors autant d'agrément que de

1. Chamfort : son *Éloge de Molière* a été couronné par l'Académie française en 1769.

justesse; mais, le plus souvent, il redevenait froid et silencieux. Malgré sa liaison avec l'épicurien Chapelle, sa frugalité, comme on l'a vu plus haut, était exemplaire; et, à la différence des hommes chez qui l'imagination domine, il portait jusqu'à la minutie l'exactitude et la régularité des habitudes.

Ces sentiments de dignité morale qu'il sut toujours conserver dans sa profession et qui recommandent sa mémoire, il les dut, rappelons-le, à l'éducation sérieuse et forte qu'il avait reçue dans un établissement alors modèle; et cette influence ne fut pas moins salutaire pour le développement de son génie, puisqu'il mêla, par une rare exception, les études d'un sage à sa passion pour jouer la comédie : ce qui tourna au profit de son talent pour l'écrire. Ainsi s'explique-t-on cette fécondité toujours croissante, qui lui permit de laisser tant d'œuvres immortelles, malgré une vie si courte et si disputée aux lettres. Dans l'espace de vingt années, au milieu de préoccupations et d'embarras si contraires au travail, Molière a composé trente et une pièces de théâtre, dont la moitié, a-t-on observé justement, offre des chefs-d'œuvre auxquels rien ne peut être comparé, et l'autre moitié renferme des scènes que n'ont pu égaler ses successeurs les plus célèbres; dont l'ensemble, en un mot, suffit pour former une poétique complète de la comédie. Ses bagatelles même eussent suffi à l'illustration de tout autre auteur; et l'on regrettera que, par le peu d'importance qu'y attachait l'auteur, la plupart aient péri pour nous. Le sévère Boileau n'avait garde de les dédaigner : car il y avait toujours, suivant lui, « quelque chose de saillant et d'instructif jusque dans les moindres conceptions de Molière. »

Déplorons, à cette occasion, que les papiers de cet homme illustre n'aient pas été, après lui, l'objet d'un assez grand soin : les curieux savent trop à quel point sont rares ses plus courts autographes. On ne doutera pas cependant qu'il n'ait laissé des ébauches et des fragments de pièces. Mais ce dépôt, tombé dans des mains négligentes, ne tarda pas à périr.

Malgré sa facilité évidente de conception et de travail,

Molière ne laissait pas de connaître ce qu'il faut, pour atteindre la perfection, de sérieux, de patients efforts. Rien, au fond, n'était plus sévère et plus difficile que son goût. Il le témoigna un jour qu'il entendait lire à son ami Boileau ce vers de sa seconde satire:

Il plaît à tout le monde et ne saurait se plaire.

« Oui, s'écria-t-il, voilà la plus grande vérité que vous ayez jamais dite : quant à moi, je n'ai jamais rien fait dont je sois véritablement content. » Aussi, prompt à courir au-devant des conseils, ne se faisait-il pas faute d'en profiter, et même des plus humbles. Loin de fermer les yeux aux inconvénients d'une composition trop rapide, il exprimait son déplaisir de ne pas pouvoir toujours travailler ses ouvrages avec autant de lenteur qu'il l'eût voulu.

Bien que son imagination fût très-riche, on a vu qu'il n'avait garde de s'y tenir; et ce n'est pas sans raison que Boileau a donné à ses peintures l'épithète de *doctes*. Familier avec les auteurs de l'antiquité, il avait eu, dans sa première jeunesse, une prédilection toute particulière pour Lucrèce, l'interprète du système d'Épicure. On dit même qu'il l'avait entièrement traduit, en se bornant à la prose pour les matières philosophiques et en rendant les belles descriptions du poëte en vers : cette traduction, pour laquelle il avait, à ce qu'il paraît, invoqué les conseils du physicien Rohault, fut, à ce que l'on prétend, sacrifiée par Molière lui-même. Il n'en est demeuré qu'un très-court passage, qui a trouvé sa place dans le *Misanthrope*.

Mais, sans nous engager dans la recherche de ce qui a été perdu, qu'il nous suffise de jouir de ce qui nous est resté de Molière, qu'on a pu appeler à bon droit « un auteur unique. » Car non-seulement, à la différence des autres écrivains, le temps ne lui a rien ôté, mais il ajoute tous les jours à sa grande réputation. Cela tient à ce qu'on trouve chez lui moins un auteur qu'un homme, tant l'accent de la vérité est commun à tout ce qui sort de sa plume. Et peut-être le secret de cette parfaite vérité, source principale du succès de ses ouvrages, est-il qu'il s'est peint lui-même très-souvent, soit dans les situations, soit dans les caractères qu'il a produits sur la scène.

Jamais, d'ailleurs, moraliste n'a pénétré plus avant que Molière dans la connaissance, dans l'analyse du cœur humain. Jamais personne n'a mieux démêlé les ressorts qui font mouvoir les caractères. Avec lui, chose rare sur la scène comme dans la vie, il n'arrive point qu'ils se démentent. Mais, tout en reproduisant avec une singulière variété les individus et les mœurs passagères ou locales, il s'est principalement attaché à peindre l'homme de toutes les sociétés et de tous les temps : admirable plus que tout autre par cet équilibre parfait de l'imagination et de la raison, qui a créé la beauté des écrits et la grandeur des écrivains dans le dix-septième siècle.

Les critiques, toutefois, n'ont pas été épargnées à Molière. On l'a notamment accusé d'avoir, dans quelques-unes de ses comédies, poussé la liberté jusqu'à la licence; mais, si l'on met à part ces abus regrettables de parole, on n'hésitera pas à défendre Molière contre le reproche d'avoir, de propos délibéré, immolé la vertu sur la scène. Les leçons, dont il abonde, offrent d'ordinaire une moralité excellente; et ce qui le prouve, c'est que la société lui a dû le germe de très-sages réformes. Que de proverbes dont il a enrichi le domaine de la raison publique, et qui prouvent que cette maxime peut être la devise de son théâtre : *Castigat ridendo mores* [1].

D'autres critiques assez vives, autorisées de noms considérables, ont été, du vivant de Molière ou peu après lui, dirigées contre son style. Mais ces reproches n'ont pas trouvé leur écho dans la postérité : tout au contraire. Il lui a paru que La Bruyère avait trop raffiné quand il croyait voir *du jargon et du barbarisme* dans notre grand comique [2]. Elle

1. « En riant il corrige les mœurs. » Le mot est du P. Santeul.
2. C. I : *Des ouvrages de l'esprit.*

a redressé aussi ce jugement échappé à Fénelon [1] : c'est que la prose de Molière, sans être assez naturelle, était pourtant supérieure à ses vers. N'hésitons pas à écarter cette opinion comme quelques autres du même écrivain, lorsqu'il lui semble, par exemple, que le langage d'Auguste dans *Cinna* est emphatique, ou que, méconnaissant ce qu'il y a d'essentiel dans le caractère immuable des langues, il propose d'introduire l'inversion dans le français, avec autant de raison à peu près que si l'on eût demandé en latin, du temps d'Auguste, l'ordre naturel et logique des mots.

De nos jours, à plus juste titre, on a considéré les vers de Molière et sa prose tout à la fois, abstraction faite de quelques formes négligées ou tombées en désuétude, comme un modèle de ce langage simple, vif et clair, qui est le vrai français; on a étudié spécialement ses locutions et son idiome; on en a dressé des vocabulaires. En recommandant de lire les parties irréprochables de cet auteur et d'imiter son style, nous ne ferons donc que répéter le conseil des maîtres les plus accrédités de notre époque.

1. *Lettre à l'Académie française.*

LE MISANTHROPE

COMÉDIE.

(1666.)

PERSONNAGES. — ALCESTE, amant de Célimène. — PHILINTE, ami d'Alceste. — ORONTE, amant de Célimène. — CÉLIMÈNE, amante d'Alceste. — ÉLIANTE, cousine de Célimène. — ARSINOÉ, amie de Célimène. — ACASTE, CLITANDRE, marquis. — BASQUE, valet de Célimène. — Un garde de la maréchaussée de France. — DUBOIS, valet d'Alceste.

La scène est à Paris, dans la maison de Célimène.

ACTE PREMIER.

SCÈNE I.

PHILINTE, ALCESTE.

PHILINTE.

Qu'est-ce donc ? qu'avez-vous ?

ALCESTE, *assis*. Laissez-moi, je vous prie.

PHILINTE.

Mais encor, dites-moi, quelle bizarrerie...

ALCESTE.

Laissez-moi là, vous dis-je, et courez vous cacher.

PHILINTE.

Mais on entend les gens, au moins, sans se fâcher.

ALCESTE.

Moi, je veux me fâcher, et ne veux point entendre.

PHILINTE.

Dans vos brusques chagrins je ne puis vous comprendre,
Et, quoique amis, enfin, je suis tout des premiers....

ALCESTE, *se levant brusquement.*
Moi, votre ami ? Rayez cela de vos papiers.
J'ai fait jusques ici profession de l'être ;
Mais, après ce qu'en vous je viens de voir paraître,
Je vous déclare net que je ne le suis plus,
Et ne veux nulle place en des cœurs corrompus.

PHILINTE.
Je suis donc bien coupable, Alceste, à votre compte ?

ALCESTE.
Allez, vous devriez mourir de pure honte ;
Une telle action ne saurait s'excuser,
Et tout homme d'honneur s'en doit scandaliser.
Je vous vois accabler un homme de caresses,
Et témoigner pour lui les dernières tendresses ;
De protestations, d'offres et de serments
Vous chargez la fureur de vos embrassements :
Et quand je vous demande après quel est cet homme,
A peine pouvez-vous dire comme il se nomme ;
Votre chaleur pour lui tombe en vous séparant,
Et vous me le traitez, à moi, d'indifférent.
Morbleu ! c'est une chose indigne, lâche, infâme,
De s'abaisser ainsi jusqu'à trahir son âme ;
Et si, par un malheur, j'en avais fait autant,
Je m'irais, de regret, pendre tout à l'instant.

PHILINTE.
Je ne vois pas, pour moi, que le cas soit pendable ;
Et je vous supplierai d'avoir pour agréable
Que je me fasse un peu grâce sur votre arrêt,
Et ne me pende pas pour cela, s'il vous plaît.

ALCESTE.
Que la plaisanterie est de mauvaise grâce !

PHILINTE.
Mais, sérieusement, que voulez-vous qu'on fasse ?

ALCESTE.
Je veux qu'on soit sincère, et qu'en homme d'honneur
On ne lâche aucun mot qui ne parte du cœur.

PHILINTE.

Lorsqu'un homme vous vient embrasser avec joie,
Il faut bien le payer de la même monnoie,
Répondre comme on peut à ses empressements,
Et rendre offre pour offre et serments pour serments.

ALCESTE.

Non, je ne puis souffrir cette lâche méthode
Qu'affectent la plupart de vos gens à la mode;
Et je ne hais rien tant que les contorsions
De tous ces grands faiseurs de protestations;
Ces affables donneurs d'embrassades frivoles,
Ces obligeants discours d'inutiles paroles,
Qui de civilités avec tous font combat,
Et traitent du même air l'honnête homme et le fat.
Quel avantage a-t-on qu'un homme vous caresse,
Vous jure amitié, foi, zèle, estime, tendresse,
Et vous fasse de vous un éloge éclatant
Lorsqu'au premier faquin il court en faire autant?
Non, non, il n'est point d'âme un peu bien située
Qui veuille d'une estime ainsi prostituée;
Et la plus glorieuse a des régals peu chers,
Dès qu'on voit qu'on nous mêle avec tout l'univers:
Sur quelque préférence une estime se fonde,
Et c'est n'estimer rien qu'estimer tout le monde.
Puisque vous y donnez, dans ces vices du temps,
Morbleu! vous n'êtes pas pour être de mes gens;
Je refuse d'un cœur la vaste complaisance
Qui ne fait de mérite aucune différence;
Je veux qu'on me distingue; et, pour le trancher net,
L'ami du genre humain n'est point du tout mon fait.

PHILINTE.

Mais quand on est du monde, il faut bien que l'on
Quelques dehors civils que l'usage demande. [rende

ALCESTE.

Non, vous dis-je; on devrait châtier sans pitié
Ce commerce honteux de semblants d'amitié.

Je veux que l'on soit homme, et qu'en toute rencontre
Le fond de notre cœur dans nos discours se montre,
Que ce soit lui qui parle, et que nos sentiments
Ne se masquent jamais sous de vains compliments.

PHILINTE.

Il est bien des endroits où la pleine franchise
Deviendrait ridicule, et serait peu permise;
Et parfois, n'en déplaise à votre austère honneur,
Il est bon de cacher ce qu'on a dans le cœur.
Serait-il à propos, et de la bienséance,
De dire à mille gens tout ce que d'eux on pense?
Et quand on a quelqu'un qu'on hait ou qui déplaît,
Lui doit-on déclarer la chose comme elle est?

ALCESTE.

Oui.

PHILINTE. Quoi! vous iriez dire à la vieille Émilie
Qu'à son âge il sied mal de faire la jolie,
Et que le blanc qu'elle a scandalise chacun?

ALCESTE.

Sans doute.

PHILINTE. A Dorilas, qu'il est trop importun;
Et qu'il n'est, à la cour, oreille qu'il ne lasse
A conter sa bravoure et l'éclat de sa race?

ALCESTE.

Fort bien.

PHILINTE. Vous vous moquez.

ALCESTE. Je ne me moque point,
Et je vais n'épargner personne sur ce point.
Mes yeux sont trop blessés, et la cour et la ville
Ne m'offrent rien qu'objets à m'échauffer la bile;
J'entre en une humeur noire, en un chagrin profond,
Quand je vois vivre entre eux les hommes comme ils font.
Je ne trouve partout que lâche flatterie,
Qu'injustice, intérêt, trahison, fourberie;
Je n'y puis plus tenir, j'enrage; et mon dessein
Est de rompre en visière à tout le genre humain.

PHILINTE.

Ce chagrin philosophe est un peu trop sauvage.
Je ris des noirs accès où je vous envisage,
Et crois voir en nous deux, sous mêmes soins nourris,
Ces deux frères que peint l'*École des maris*,
Dont...

ALCESTE. Mon Dieu ! laissons là vos comparaisons

PHILINTE. [fades.

Non : tout de bon, quittez toutes ces incartades.
Le monde par vos soins ne se changera pas :
Et, puisque la franchise a pour vous tant d'appas,
Je vous dirai tout franc que cette maladie,
Partout où vous allez, donne la comédie,
Et qu'un si grand courroux contre les mœurs du temps
Vous tourne en ridicule auprès de bien des gens.

ALCESTE. [demande ;

Tant mieux, morbleu ! tant mieux, c'est ce que je
Ce m'est un fort bon signe, et ma joie en est grande.
Tous les hommes me sont à tel point odieux,
Que je serais fâché d'être sage à leurs yeux.

PHILINTE.

Vous voulez un grand mal à la nature humaine !

ALCESTE.

Oui, j'ai conçu pour elle une effroyable haine.

PHILINTE.

Tous les pauvres mortels, sans nulle exception,
Seront enveloppés dans cette aversion?
Encore en est-il bien, dans le siècle où nous som-

ALCESTE. [mes...

Non, elle est générale, et je hais tous les hommes :
Les uns, parce qu'ils sont méchants et malfaisants,
Et les autres, pour être aux méchants complaisants,
Et n'avoir pas pour eux ces haines vigoureuses
Que doit donner le vice aux âmes vertueuses.
De cette complaisance on voit l'injuste excès
Pour le franc scélérat avec qui j'ai procès.

Au travers de son masque on voit à plein le traître :
Partout il est connu pour tout ce qu'il peut être;
Et ses roulements d'yeux, et son ton radouci,
N'imposent qu'à des gens qui ne sont point d'ici.
On sait que ce pied-plat, digne qu'on le confonde,
Par de sales emplois s'est poussé dans le monde,
Et que par eux son sort, de splendeur revêtu,
Fait gronder le mérite et rougir la vertu.
Quelques titres honteux qu'en tous lieux on lui donne,
Son misérable honneur ne voit pour lui personne :
Nommez-le fourbe, infâme, et scélérat maudit,
Tout le monde en convient et nul n'y contredit.
Cependant sa grimace est partout bien venue;
On l'accueille, on lui rit, partout il s'insinue;
Et s'il est, par la brigue, un rang à disputer,
Sur le plus honnête homme on le voit l'emporter.
Têtebleu! ce me sont de mortelles blessures,
De voir qu'avec le vice on garde des mesures;
Et parfois il me prend des mouvements soudains
De fuir dans un désert l'approche des humains.

PHILINTE.

Mon Dieu! des mœurs du temps mettons-nous moins en peine,
Et faisons un peu grâce à la nature humaine;
Ne l'examinons point dans la grande rigueur,
Et voyons ses défauts avec quelque douceur.
Il faut, parmi le monde, une vertu traitable :
A force de sagesse on peut être blâmable;
La parfaite raison fuit toute extrémité,
Et veut que l'on soit sage avec sobriété.
Cette grande roideur des vertus des vieux âges
Heurte trop notre siècle et les communs usages;
Elle veut aux mortels trop de perfection :
Il faut fléchir au temps sans obstination;
Et c'est une folie à nulle autre seconde
De vouloir se mêler de corriger le monde.
J'observe, comme vous, cent choses tous les jours

Qui pourraient mieux aller, prenant un autre cours;
Mais, quoi qu'à chaque pas je puisse voir paraître,
En courroux, comme vous, on ne me voit point être;
Je prends tout doucement les hommes comme ils sont,
J'accoutume mon âme à souffrir ce qu'ils font;
Et je crois qu'à la cour, de même qu'à la ville,
Mon flegme est philosophe autant que votre bile.

ALCESTE.

Mais ce flegme, monsieur, qui raisonnez si bien,
Ce flegme pourra-t-il ne s'échauffer de rien?
Et s'il faut, par hasard, qu'un ami vous trahisse,
Que pour avoir vos biens on dresse un artifice,
Ou qu'on tâche à semer de méchants bruits de vous,
Verrez-vous tout cela sans vous mettre en courroux?

PHILINTE.

Oui, je vois ces défauts, dont votre âme murmure,
Comme vices unis à l'humaine nature;
Et mon esprit enfin n'est pas plus offensé
De voir un homme fourbe, injuste, intéressé,
Que de voir des vautours affamés de carnage,
Des singes malfaisants et des loups pleins de rage.

ALCESTE.

Je me verrai trahir, mettre en pièces, voler,
Sans que je sois... Morbleu! je ne veux point parler,
Tant ce raisonnement est plein d'impertinence!

PHILINTE.

Ma foi, vous ferez bien de garder le silence.
Contre votre partie éclatez un peu moins,
Et donnez au procès une part de vos soins.

ALCESTE.

Je n'en donnerai point, c'est une chose dite.

PHILINTE.

Mais qui voulez-vous donc qui pour vous sollicite?

ALCESTE.

Qui je veux? La raison, mon bon droit, l'équité.

PHILINTE.
Aucun juge par vous ne sera visité?

ALCESTE.
Non! Est-ce que ma cause est injuste ou douteuse?

PHILINTE.
J'en demeure d'accord; mais la brigue est fâcheuse,
Et...

ALCESTE. Non. J'ai résolu de n'en pas faire un pas.
J'ai tort, ou j'ai raison.

PHILINTE. Ne vous y fiez pas.

ALCESTE.
Je ne remuerai point.

PHILINTE. Votre partie est forte,
Et peut, par sa cabale, entraîner...

ALCESTE. Il n'importe.

PHILINTE.
Vous vous tromperez.

ALCESTE. Soit. J'en veux voir le succès.

PHILINTE.
Mais...

ALCESTE. J'aurai le plaisir de perdre mon procès.

PHILINTE.
Mais enfin...

ALCESTE. Je verrai dans cette plaiderie
Si les hommes auront assez d'effronterie,
Seront assez méchants, scélérats et pervers,
Pour me faire injustice aux yeux de l'univers.

PHILINTE.
Quel homme!

ALCESTE. Je voudrais, m'en coûtât-il grand'chose,
Pour la beauté du fait, avoir perdu ma cause.

PHILINTE.
On se rirait de vous, Alceste, tout de bon,
Si l'on vous entendait parler de la façon.

ALCESTE.
Tant pis pour qui rirait.

PHILINTE. Mais cette rectitude
Que vous voulez en tout avec exactitude,
Cette pleine droiture où vous vous renfermez,
La trouvez-vous ici dans ce que vous aimez?
Je m'étonne, pour moi, qu'étant, comme il le semble,
Vous et le genre humain, si fort brouillés ensemble,
Malgré tout ce qui peut vous le rendre odieux,
Vous ayez pris chez lui ce qui charme vos yeux;
Et ce qui me surprend encore davantage,
C'est cet étrange choix où votre cœur s'engage.
La sincère Éliante a du penchant pour vous,
La prude Arsinoé vous voit d'un œil fort doux:
Cependant à leurs vœux votre âme se refuse,
Tandis qu'en ses liens Célimène l'amuse,
De qui l'humeur coquette et l'esprit médisant
Semblent si fort donner dans les mœurs d'à présent.
D'où vient que, leur portant une haine mortelle,
Vous pouvez bien souffrir ce qu'en tient cette belle?
Ne sont-ce plus défauts dans un objet si doux?
Ne les voyez-vous pas, ou les excusez-vous?

ALCESTE.

Non. L'amour que je sens pour cette jeune veuve
Ne ferme point mes yeux aux défauts qu'on lui treuve;
Et je suis, quelque ardeur qu'elle m'ait pu donner,
Le premier à les voir, comme à les condamner.
Mais avec tout cela, quoi que je puisse faire,
Je confesse mon faible; elle a l'art de me plaire:
J'ai beau voir ses défauts, et j'ai beau l'en blâmer,
En dépit qu'on en ait, elle se fait aimer;
Sa grâce est la plus forte; et sans doute ma flamme
De ces vices du temps pourra purger son âme.

PHILINTE.

Si vous faites cela, vous ne ferez pas peu.
Vous croyez être donc aimé d'elle?

ALCESTE. Oui, parbleu!
Je ne l'aimerais pas, si je ne croyais l'être.

PHILINTE.

Mais si son amitié pour vous se fait paraître,
D'où vient que vos rivaux vous causent de l'ennui ?

ALCESTE.

C'est qu'un cœur bien atteint veut qu'on soit tout à lui,
Et je ne viens ici qu'à dessein de lui dire
Tout ce que là-dessus ma passion m'inspire.

PHILINTE.

Pour moi, si je n'avais qu'à former des désirs,
Sa cousine Éliante aurait tous mes soupirs;
Son cœur, qui vous estime, est solide et sincère;
Et ce choix plus conforme était mieux votre affaire.

ALCESTE.

Il est vrai : ma raison me le dit chaque jour;
Mais la raison n'est pas ce qui règle l'amour.

PHILINTE.

Je crains fort pour vos feux, et l'espoir où vous êtes
Pourrait...

SCÈNE II.

ORONTE, ALCESTE, PHILINTE.

ORONTE, *à Alceste.*

J'ai su là-bas que, pour quelques emplettes,
Éliante est sortie, et Célimène aussi.
Mais comme l'on m'a dit que vous étiez ici,
J'ai monté pour vous dire, et d'un cœur véritable,
Que j'ai conçu pour vous une estime incroyable,
Et que, depuis longtemps, cette estime m'a mis
Dans un ardent désir d'être de vos amis.
Oui, mon cœur au mérite aime à rendre justice,
Et je brûle qu'un nœud d'amitié nous unisse.
Je crois qu'un ami chaud, et de ma qualité,
N'est pas assurément pour être rejeté.

(Pendant le discours d'Oronte, Alceste est rêveur et semble ne pas entendre que c'est à lui qu'on parle. Il ne sort de sa rêverie que quand Oronte lui dit :)

C'est à vous, s'il vous plaît, que ce discours s'adresse.

ALCESTE.

A moi, monsieur?

ORONTE. A vous. Trouvez-vous qu'il vous

ALCESTE. [blesse?

Non pas. Mais la surprise est fort grande pour moi,
Et je n'attendais pas l'honneur que je reçoi.

ORONTE.

L'estime où je vous tiens ne doit point vous surpren-
Et de tout l'univers vous la pouvez prétendre. [dre,

ALCESTE.

Monsieur...

ORONTE. L'État n'a rien qui ne soit au-dessous
Du mérite éclatant que l'on découvre en vous.

ALCESTE.

Monsieur...

ORONTE. Oui, de ma part, je vous tiens préférable
A tout ce que j'y vois de plus considérable.

ALCESTE.

Monsieur...

ORONTE. Sois-je du ciel écrasé, si je mens!
Et, pour vous confirmer ici mes sentiments,
Souffrez qu'à cœur ouvert, monsieur, je vous embras-
Et qu'en votre amitié je vous demande place. [se
Touchez là, s'il vous plaît. Vous me la promettez,
Votre amitié?

ALCESTE. Monsieur...

ORONTE. Quoi! vous y résistez?

ALCESTE. [faire;

Monsieur, c'est trop d'honneur que vous me voulez
Mais l'amitié demande un peu plus de mystère;
Et c'est assurément en profaner le nom
Que de vouloir le mettre à toute occasion.
Avec lumière et choix cette union veut naître;
Avant que nous lier, il faut nous mieux connaître;
Et nous pourrions avoir telles complexions,

Que tous deux du marché nous nous repentirions.

ORONTE.

Parbleu ! c'est là-dessus parler en homme sage,
Et je vous en estime encore davantage.
Souffrons donc que le temps forme des nœuds si doux ;
Mais cependant je m'offre entièrement à vous.
S'il faut faire à la cour pour vous quelque ouverture,
On sait qu'auprès du roi je fais quelque figure ;
Il m'écoute, et dans tout il en use, ma foi,
Le plus honnêtement du monde avecque moi.
Enfin je suis à vous de toutes les manières ;
Et comme votre esprit a de grandes lumières,
Je viens, pour commencer entre nous ce beau nœud,
Vous montrer un sonnet que j'ai fait depuis peu,
Et savoir s'il est bon qu'au public je l'expose.

ALCESTE.

Monsieur, je suis mal propre à décider la chose.
Veuillez m'en dispenser.

ORONTE. Pourquoi ?

ALCESTE. J'ai le défaut
D'être un peu plus sincère en cela qu'il ne faut.

ORONTE.

C'est ce que je demande ; et j'aurais lieu de plainte,
Si, m'exposant à vous pour me parler sans feinte,
Vous alliez me trahir et me déguiser rien.

ALCESTE.

Puisqu'il vous plaît ainsi, monsieur, je le veux bien.

ORONTE.

Sonnet. C'est un sonnet... *L'espoir*... C'est une dame
Qui de quelque espérance avait flatté ma flamme.
L'espoir... Ce ne sont point de ces grands vers pom-
[peux,
Mais de petits vers doux, tendres et langoureux.

ALCESTE.

Nous verrons bien.

ORONTE. *L'espoir*... Je ne sais si le style

Pourra vous en paraître assez net et facile,
Et si du choix des mots vous vous contenterez.

ALCESTE.

Nous allons voir, monsieur.

ORONTE. Au reste, vous saurez
Que je n'ai demeuré qu'un quart d'heure à le faire.

ALCESTE.

Voyons, monsieur; le temps ne fait rien à l'affaire.

ORONTE, *lit.*

L'espoir, il est vrai, nous soulage,
Et nous berce un temps notre ennui;
Mais, Philis, le triste avantage,
Lorsque rien ne marche après lui!

PHILINTE.

Je suis déjà charmé de ce petit morceau.

ALCESTE, *bas, à Philinte.*

Quoi! vous avez le front de trouver cela beau?

ORONTE.

Vous eûtes de la complaisance;
Mais vous en deviez moins avoir,
Et ne vous pas mettre en dépense
Pour ne me donner que l'espoir.

PHILINTE.

Ah! qu'en termes galants ces choses-là sont mises!

ALCESTE, *bas, à Philinte.*

Morbleu! vil complaisant, vous louez des sottises!

ORONTE.

S'il faut qu'une attente éternelle
Pousse à bout l'ardeur de mon zèle,
Le trépas sera mon recours.

Vos soins ne m'en peuvent distraire:
Belle Philis, on désespère
Alors qu'on espère toujours.

PHILINTE.

La chute en est jolie, amoureuse, admirable.

ALCESTE, *bas, à part.*
La peste de ta chute, empoisonneur, au diable!
En eusses-tu fait une à te casser le nez!

PHILINTE.
Je n'ai jamais ouï de vers si bien tournés.

ALCESTE, *bas, à part.*
Morbleu!
ORONTE, *à Philinte.* Vous me flattez; et vous croyez
PHILINTE. [peut-être...
Non, je ne flatte point.
ALCESTE, *bas, à part.* Eh! que fais-tu donc, traître?

ORONTE, *à Alceste.*
Mais, pour vous, vous savez quel est notre traité.
Parlez-moi, je vous prie, avec sincérité.

ALCESTE.
Monsieur, cette matière est toujours délicate,
Et sur le bel esprit nous aimons qu'on nous flatte.
Mais un jour, à quelqu'un dont je tairai le nom,
Je disais, en voyant des vers de sa façon, [pire
Qu'il faut qu'un galant homme ait toujours grand em-
Sur les démangeaisons qui nous prennent d'écrire;
Qu'il doit tenir la bride aux grands empressements
Qu'on a de faire éclat de tels amusements,
Et que, par la chaleur de montrer ses ouvrages,
On s'expose à jouer de mauvais personnages.

ORONTE.
Est-ce que vous voulez me déclarer par là
Que j'ai tort de vouloir...
ALCESTE. Je ne dis pas cela.
Mais je lui disais, moi, qu'un froid écrit assomme;
Qu'il ne faut que ce faible à décrier un homme;
Et qu'eût-on d'autre part cent belles qualités,
On regarde les gens par leurs méchants côtés.

ORONTE.
Est-ce qu'à mon sonnet vous trouvez à redire?

ALCESTE.

Je ne dis pas cela. Mais, pour ne point écrire,
Je lui mettais aux yeux comme, dans notre temps,
Cette soif a gâté de fort honnêtes gens.

ORONTE.

Est-ce que j'écris mal? et leur ressemblerais-je?

ALCESTE.

Je ne dis pas cela. Mais enfin, lui disais-je,
Quel besoin si pressant avez-vous de rimer?
Et qui diantre vous pousse à vous faire imprimer?
Si l'on peut pardonner l'essor d'un mauvais livre,
Ce n'est qu'aux malheureux qui composent pour vivre.
Croyez-moi, résistez à vos tentations,
Dérobez au public ces occupations,
Et n'allez point quitter, de quoi que l'on vous somme,
Le nom que dans la cour vous avez d'honnête homme,
Pour prendre, de la main d'un avide imprimeur,
Celui de ridicule et misérable auteur.
C'est ce que je tâchai de lui faire comprendre.

ORONTE.

Voilà qui va fort bien, et je crois vous entendre.
Mais ne puis-je savoir ce que dans mon sonnet...

ALCESTE.

Franchement, il est bon à mettre au cabinet.
Vous vous êtes réglé sur de méchants modèles,
Et vos expressions ne sont point naturelles.

Qu'est-ce que : *Nous berce un temps notre ennui?*
Et que, *Rien ne marche après lui?*
Que, *Ne vous pas mettre en dépense,*
Pour ne me donner que l'espoir?
Et que, *Philis, on désespère,*
Alors qu'on espère toujours?

Ce style figuré, dont on fait vanité,
Sort du bon caractère et de la vérité;
Ce n'est que jeu de mots, qu'affectation pure,

Et ce n'est point ainsi que parle la nature.
Le méchant goût du siècle en cela me fait peur;
Nos pères, tout grossiers, l'avaient beaucoup meilleur;
Et je prise bien moins tout ce que l'on admire
Qu'une vieille chanson que je m'en vais vous dire.

Si le roi m'avait donné
  Paris, sa grand'ville,
Et qu'il me fallût quitter
  L'amour de ma mie,
Je dirais au roi Henri :
Reprenez votre Paris,
J'aime mieux ma mie, ô gué!
  J'aime mieux ma mie.

La rime n'est pas riche, et le style en est vieux :
Mais ne voyez-vous pas que cela vaut bien mieux
Que ces colifichets dont le bon sens murmure,
Et que la passion parle là toute pure?

Si le roi m'avait donné
  Paris, sa grand'ville,
Et qu'il me fallût quitter
  L'amour de ma mie,
Je dirais au roi Henri :
Reprenez votre Paris,
J'aime mieux ma mie, ô gué!
  J'aime mieux ma mie.

Voilà ce que peut dire un cœur vraiment épris.
(*à Philinte qui rit.*)
Oui, monsieur le rieur, malgré vos beaux esprits,
J'estime plus cela que la pompe fleurie
De tous ces faux brillants où chacun se récrie.

ORONTE.

Et moi, je vous soutiens que mes vers sont fort bons.

ALCESTE.

Pour les trouver ainsi, vous avez vos raisons;
Mais vous trouverez bon que j'en puisse avoir d'autres
Qui se dispenseront de se soumettre aux vôtres.

ORONTE.

Il me suffit de voir que d'autres en font cas.

ALCESTE.

C'est qu'ils ont l'art de feindre; et moi, je ne l'ai pas.

ORONTE.

Croyez-vous donc avoir tant d'esprit en partage?

ALCESTE.

Si je louais vos vers, j'en aurais davantage.

ORONTE.

Je me passerai bien que vous les approuviez.

ALCESTE.

Il faut bien, s'il vous plaît, que vous vous en passiez.

ORONTE.

Je voudrais bien, pour voir, que, de votre manière,
Vous en composassiez sur la même matière.

ALCESTE.

J'en pourrais, par malheur, faire d'aussi méchants;
Mais je me garderais de les montrer aux gens.

ORONTE.

Vous me parlez bien ferme; et cette suffisance...

ALCESTE.

Autre part que chez moi cherchez qui vous encense.

ORONTE.

Mais, mon petit monsieur, prenez-le un peu moins haut.

ALCESTE.

Ma foi, mon grand monsieur, je le prends comme il faut.

PHILINTE, *se mettant entre deux.*

Hé! messieurs, c'en est trop. Laissez cela, de grâce.

ORONTE.

Ah! j'ai tort, je l'avoue, et je quitte la place.
Je suis votre valet, monsieur, de tout mon cœur.

ALCESTE.

Et moi, je suis, monsieur, votre humble serviteur.

SCÈNE III.

PHILINTE, ALCESTE.

PHILINTE.

Hé bien! vous le voyez. Pour être trop sincère,
Vous voilà sur les bras une fâcheuse affaire;
Et j'ai bien vu qu'Oronte, afin d'être flatté...

ALCESTE.

Ne me parlez pas.

PHILINTE. Mais...

ALCESTE. Plus de société.

PHILINTE.

C'est trop....

ALCESTE. Laissez-moi là.

PHILINTE. Si je...

ALCESTE. Point de lan-
[gage.

PHILINTE.

Mais quoi!...

ALCESTE. Je n'entends rien.

PHILINTE. Mais...

ALCESTE. Encore?

PHILINTE. On
[outrage...

ALCESTE.

Ah! parbleu! c'en est trop. Ne suivez point mes pas.

PHILINTE.

Vous vous moquez de moi; je ne vous quitte pas.

ACTE DEUXIÈME.

SCÈNE I.

ALCESTE, CÉLIMÈNE.

ALCESTE.

Madame, voulez-vous que je vous parle net?
De vos façons d'agir je suis mal satisfait.
Contre elles dans mon cœur trop de bile s'assemble,
Et je sens qu'il faudra que nous rompions ensemble;
Oui, je vous tromperais de parler autrement;
Tôt ou tard nous romprons indubitablement;
Et je vous promettrais mille fois le contraire,
Que je ne serais pas en pouvoir de le faire.

CÉLIMÈNE.

C'est pour me quereller donc, à ce que je voi,
Que vous avez voulu me ramener chez moi?

ALCESTE.

Je ne querelle point. Mais votre humeur, madame.
Ouvre au premier venu trop d'accès dans votre âme:
Vous avez trop d'amants qu'on voit vous obséder;
Et mon cœur de cela ne peut s'accommoder.

CÉLIMÈNE.

Des amants que je fais me rendez-vous coupable?
Puis-je empêcher les gens de me trouver aimable?
Et lorsque pour me voir ils font de doux efforts,
Dois-je prendre un bâton pour les mettre dehors?

ALCESTE.

Non, ce n'est pas, madame, un bâton qu'il faut prendre,
Mais un cœur à leurs vœux moins facile et moins tendre.
Je sais que vos appas vous suivent en tous lieux;
Mais votre accueil retient ceux qu'attirent vos yeux;
Et sa douceur, offerte à qui vous rend les armes,
Achève sur les cœurs l'ouvrage de vos charmes.

Le trop riant espoir que vous leur présentez
Attache autour de vous leurs assiduités;
Et votre complaisance, un peu moins étendue,
De tant de soupirants chasserait la cohue.
Mais au moins dites-moi, madame, par quel sort
Votre Clitandre a l'heur de vous plaire si fort?
Sur quel fonds de mérite et de vertu sublime
Appuyez-vous en lui l'honneur de votre estime?
Est-ce par l'ongle long qu'il porte au petit doigt
Qu'il s'est acquis chez vous l'estime où l'on le voit?
Vous êtes-vous rendue, avec tout le beau monde,
Au mérite éclatant de sa perruque blonde?
Sont-ce ses grands canons qui vous le font aimer?
L'amas de ses rubans a-t-il su vous charmer?
Est-ce par les appas de sa vaste rhingrave
Qu'il a gagné votre âme en faisant votre esclave?
Ou sa façon de rire, et son ton de fausset,
Ont-ils de vous toucher su trouver le secret?

CÉLIMÈNE.

Qu'injustement de lui vous prenez de l'ombrage!
Ne savez-vous pas bien pourquoi je le ménage:
Et que dans mon procès, ainsi qu'il m'a promis,
Il peut intéresser tout ce qu'il a d'amis?

ALCESTE.

Perdez votre procès, madame, avec constance,
Et ne ménagez point un rival qui m'offense.

CÉLIMÈNE.

Mais de tout l'univers vous devenez jaloux!

ALCESTE.

C'est que tout l'univers est bien reçu de vous.

CÉLIMÈNE.

C'est ce qui doit rasseoir votre âme effarouchée,
Puisque ma complaisance est sur tous épanchée;
Et vous auriez plus lieu de vous en offenser,
Si vous me la voyiez sur un seul ramasser.

ALCESTE.

Mais moi, que vous blâmez de trop de jalousie,
Qu'ai-je de plus qu'eux tous, madame, je vous prie?

CÉLIMÈNE.

Le bonheur de savoir que vous êtes aimé.

ALCESTE.

Et quel lieu de le croire a mon cœur enflammé?

CÉLIMÈNE.

Je pense qu'ayant pris le soin de vous le dire,
Un aveu de la sorte a de quoi vous suffire.

ALCESTE.

Mais qui m'assurera que, dans le même instant,
Vous n'en disiez peut-être aux autres tout autant?

CÉLIMÈNE.

Certes, pour un amant, la fleurette est mignonne,
Et vous me traitez là de gentille personne.
Eh bien! pour vous ôter d'un semblable souci,
De tout ce que j'ai dit je me dédis ici;
Et rien ne saurait plus vous tromper que vous-même:
Soyez content.

ALCESTE. Morbleu! faut-il que je vous aime!
Ah! que si de vos mains je rattrape mon cœur,
Je bénirai le ciel de ce rare bonheur!
Je ne le cèle pas, je fais tout mon possible
A rompre de ce cœur l'attachement terrible;
Mais mes plus grands efforts n'ont rien fait jusqu'ici,
Et c'est pour mes péchés que je vous aime ainsi.

CÉLIMÈNE.

Il est vrai, votre ardeur est pour moi sans seconde.

ALCESTE.

Oui, je puis là-dessus défier tout le monde.
Mon amour ne se peut concevoir; et jamais
Personne n'a, madame, aimé comme je fais.

CÉLIMÈNE.

En effet, la méthode en est toute nouvelle,
Car vous aimez les gens pour leur faire querelle;

Ce n'est qu'en mots fâcheux qu'éclate votre ardeur,
Et l'on n'a vu jamais un amour si grondeur.

ALCESTE.

Mais il ne tient qu'à vous que son chagrin ne passe.
A tous nos démêlés coupons chemin, de grâce;
Parlons à cœur ouvert, et voyons d'arrêter...

SCÈNE II.

CÉLIMÈNE, ALCESTE, BASQUE.

CÉLIMÈNE.

Qu'est-ce?

BASQUE. Acaste est là-bas.

CÉLIMÈNE. Eh bien! faites monter.

SCÈNE III.

CÉLIMÈNE, ALCESTE.

ALCESTE.

Quoi! l'on ne peut jamais vous parler tête à tête?
A recevoir le monde on vous voit toujours prête;
Et vous ne pouvez pas, un seul moment de tous,
Vous résoudre à souffrir de n'être pas chez vous?

CÉLIMÈNE.

Voulez-vous qu'avec lui je me fasse une affaire?

ALCESTE.

Vous avez des égards qui ne sauraient me plaire.

CÉLIMÈNE.

C'est un homme à jamais ne me le pardonner,
S'il savait que sa vue eût pu m'importuner.

ALCESTE.

Et que vous fait cela pour vous gêner de sorte...

CÉLIMÈNE.

Mon Dieu! de ses pareils la bienveillance importe;
Et ce sont de ces gens qui, je ne sais comment,

Ont gagné, dans la cour, de parler hautement.
Dans tous les entretiens on les voit s'introduire;
Ils ne sauraient servir, mais ils peuvent vous nuire;
Et jamais, quelque appui qu'on puisse avoir d'ailleurs,
On ne doit se brouiller avec ces grands brailleurs.

ALCESTE.

Enfin, quoi qu'il en soit, et sur quoi qu'on se fonde,
Vous trouvez des raisons pour souffrir tout le monde,
Et les précautions de votre jugement...

SCÈNE IV.

ALCESTE, CÉLIMÈNE, BASQUE.

BASQUE.

Voici Clitandre encor, madame.

ALCESTE. Justement.

(*Il témoigne s'en vouloir aller.*)

CÉLIMÈNE.

Où courez-vous?

ALCESTE. Je sors.

CÉLIMÈNE. Demeurez.

ALCESTE. Pourquoi faire?

CÉLIMÈNE.

Demeurez.

ALCESTE. Je ne puis.

CÉLIMÈNE. Je le veux.

ALCESTE. Point d'affaire.

Ces conversations ne font que m'ennuyer,
Et c'est trop que vouloir me les faire essuyer.

CÉLIMÈNE.

Je le veux, je le veux.

ALCESTE. Non, il m'est impossible.

CÉLIMÈNE.

Eh bien! allez, sortez, il vous est tout loisible.

SCÈNE V.

ÉLIANTE, PHILINTE, ACASTE, CLITANDRE, ALCESTE, CÉLIMÈNE, BASQUE.

ÉLIANTE, *à Célimène.*

Voici les deux marquis qui montent avec nous.
Vous l'est-on venu dire?

CÉLIMÈNE. *(A Basque.)*

Oui. Des siéges pour tous.
(Basque donne des siéges et sort.)

(A Alceste.)

Vous n'êtes pas sorti?

ALCESTE. Non; mais je veux, madame,
Ou pour eux, ou pour moi, faire expliquer votre âme.

CÉLIMÈNE.

Taisez-vous.

ALCESTE. Aujourd'hui vous vous expliquerez.

CÉLIMÈNE.

Vous perdez le sens.

ALCESTE. Point. Vous vous déclarerez.

CÉLIMÈNE.

Ah!

ALCESTE. Vous prendrez parti.

CÉLIMÈNE. Vous vous moquez, je pense.

ALCESTE.

Non. Mais vous choisirez. C'est trop de patience.

CLITANDRE.

Parbleu! je viens du Louvre, où Cléonte, au levé,
Madame, a bien paru ridicule achevé.
N'a-t-il point quelque ami qui pût, sur ses manières,
D'un charitable avis lui prêter les lumières?

CÉLIMÈNE.

Dans le monde, à vrai dire, il se barbouille fort;
Partout il porte un air qui saute aux yeux d'abord;

Et lorsqu'on le revoit après un peu d'absence,
On le retrouve encor plus plein d'extravagance.

ACASTE.

Parbleu! s'il faut parler de gens extravagants,
Je viens d'en essuyer un des plus fatigants;
Damon le raisonneur, qui m'a, ne vous déplaise,
Une heure, au grand soleil, tenu hors de ma chaise.

CÉLIMÈNE.

C'est un parleur étrange, et qui trouve toujours
L'art de ne vous rien dire avec de grands discours;
Dans les propos qu'il tient on ne voit jamais goutte,
Et ce n'est que du bruit que tout ce qu'on écoute.

ÉLIANTE, *à Philinte.*

Ce début n'est pas mal; et, contre le prochain,
La conversation prend un assez bon train.

CLITANDRE.

Timante encor, madame, est un bon caractère.

CÉLIMÈNE.

C'est de la tête aux pieds un homme tout mystère,
Qui vous jette, en passant, un coup d'œil égaré,
Et, sans aucune affaire, est toujours affairé.
Tout ce qu'il vous débite en grimaces abonde;
A force de façons, il assomme le monde;
Sans cesse il a tout bas, pour rompre l'entretien,
Un secret à vous dire, et ce secret n'est rien;
De la moindre vétille il fait une merveille,
Et, jusques au bonjour, il dit tout à l'oreille.

ACASTE.

Et Géralde, madame?

CÉLIMÈNE. O l'ennuyeux conteur!
Jamais on ne le voit sortir du grand seigneur;
Dans le brillant commerce il se mêle sans cesse,
Et ne cite jamais que duc, prince ou princesse.
La qualité l'entête, et tous ses entretiens
Ne sont que de chevaux, d'équipage et de chiens:
Il tutoie, en parlant, ceux du plus haut étage,

Et le nom de monsieur est chez lui hors d'usage.

CLITANDRE.

On dit qu'avec Bélise il est du dernier bien.

CÉLIMÈNE.

Le pauvre esprit de femme, et le sec entretien!
Lorsqu'elle vient me voir, je souffre le martyre:
Il faut suer sans cesse à chercher que lui dire,
Et la stérilité de son expression
Fait mourir à tous coups la conversation.
En vain, pour attaquer son stupide silence,
De tous les lieux communs vous prenez l'assistance.
Le beau temps et la pluie, et le froid et le chaud,
Sont des fonds qu'avec elle on épuise bientôt.
Cependant sa visite, assez insupportable,
Traîne en une longueur encore épouvantable;
Et l'on demande l'heure, et l'on bâille vingt fois,
Qu'elle grouille aussi peu qu'une pièce de bois.

ACASTE.

Que vous semble d'Adraste?

CÉLIMÈNE. Ah! quel orgueil extrême!
C'est un homme gonflé de l'amour de soi-même.
Son mérite jamais n'est content de la cour;
Contre elle il fait métier de pester chaque jour;
Et l'on ne donne emploi, charge ni bénéfice,
Qu'à tout ce qu'il se croit on ne fasse injustice.

CLITANDRE.

Mais le jeune Cléon, chez qui vont aujourd'hui
Nos plus honnêtes gens, que dites-vous de lui?

CÉLIMÈNE.

Que de son cuisinier il s'est fait un mérite,
Et que c'est à sa table à qui l'on rend visite.

ÉLIANTE.

Il prend soin d'y servir des mets fort délicats.

CÉLIMÈNE.

Oui; mais je voudrais bien qu'il ne s'y servît pas:
C'est un fort méchant plat que sa sotte personne,

Et qui gâte, à mon goût, tous les repas qu'il donne.

PHILINTE.

On fait assez de cas de son oncle Damis;
Qu'en dites-vous, madame?

CÉLIMÈNE. Il est de mes amis.

PHILINTE.

Je le trouve honnête homme, et d'un air assez sage.

CÉLIMÈNE.

Oui; mais il veut avoir trop d'esprit, dont j'enrage.
Il est guindé sans cesse; et, dans tous ses propos,
On voit qu'il se travaille à dire de bons mots.
Depuis que dans la tête il s'est mis d'être habile,
Rien ne touche son goût, tant il est difficile.
Il veut voir des défauts à tout ce qu'on écrit
Et pense que louer n'est pas d'un bel esprit,
Que c'est être savant que trouver à redire,
Qu'il n'appartient qu'aux sots d'admirer et de rire,
Et qu'en n'approuvant rien des ouvrages du temps,
Il se met au-dessus de tous les autres gens.
Aux conversations même il trouve à reprendre;
Ce sont propos trop bas pour y daigner descendre;
Et, les deux bras croisés, du haut de son esprit,
Il regarde en pitié tout ce que chacun dit.

ACASTE.

Dieu me damne! voilà son portrait véritable.

CLITANDRE, *à Célimène.*

Pour bien peindre les gens vous êtes admirable.

ALCESTE.

Allons, ferme, poussez, mes bons amis de cour;
Vous n'en épargnez point, et chacun a son tour:
Cependant aucun d'eux à vos yeux ne se montre,
Qu'on ne vous voie en hâte aller à sa rencontre,
Lui présenter la main, et d'un baiser flatteur
Appuyer les serments d'être son serviteur.

CLITANDRE.

Pourquoi s'en prendre à nous? Si ce qu'on dit vous blesse,

Il faut que le reproche à madame s'adresse.

ALCESTE.

Non, morbleu ! c'est à vous; et vos ris complaisants
Tirent de son esprit tous ces traits médisants.
Son humeur satirique est sans cesse nourrie
Par le coupable encens de votre flatterie;
Et son cœur à railler trouverait moins d'appas,
S'il avait observé qu'on ne l'applaudît pas.
C'est ainsi qu'aux flatteurs on doit partout se prendre
Des vices où l'on voit les humains se répandre.

PHILINTE.

Mais pourquoi pour ces gens un intérêt si grand,
Vous qui condamneriez ce qu'en eux on reprend?

CÉLIMÈNE.

Et ne faut-il pas bien que monsieur contredise?
A la commune voix veut-on qu'il se réduise,
Et qu'il ne fasse pas éclater en tous lieux
L'esprit contrariant qu'il a reçu des cieux?
Le sentiment d'autrui n'est jamais pour lui plaire :
Il prend toujours en main l'opinion contraire,
Et penserait paraître un homme du commun
Si l'on voyait qu'il fût de l'avis de quelqu'un.
L'honneur de contredire a pour lui tant de charmes,
Qu'il prend contre lui-même assez souvent les armes;
Et ses vrais sentiments sont combattus par lui,
Aussitôt qu'il les voit dans la bouche d'autrui.

ALCESTE.

Les rieurs sont pour vous, madame, c'est tout dire;
Et vous pouvez pousser contre moi la satire.

PHILINTE.

Mais il est véritable aussi que votre esprit
Se gendarme toujours contre tout ce qu'on dit,
Et que, par un chagrin que lui-même il avoue,
Il ne saurait souffrir qu'on blâme ni qu'on loue.

ALCESTE.

C'est que jamais, morbleu ! les hommes n'ont raison,

Que le chagrin contre eux est toujours de saison,
Et que je vois qu'ils sont, sur toutes les affaires,
Loueurs impertinents ou censeurs téméraires.

CÉLIMÈNE.

Mais... [mourir,

ALCESTE. Non, madame, non, quand j'en devrais
Vous avez des plaisirs que je ne puis souffrir;
Et l'on a tort ici de nourrir dans votre âme
Ce grand attachement aux défauts qu'on y blâme.

CLITANDRE.

Pour moi, je ne sais pas; mais j'avouerai tout haut
Que j'ai cru jusqu'ici madame sans défaut.

ACASTE.

De grâces et d'attraits je vois qu'elle est pourvue;
Mais les défauts qu'elle a ne frappent point ma vue.

ALCESTE.

Ils frappent tous la mienne; et, loin de m'en cacher,
Elle sait que j'ai soin de les lui reprocher.
Plus on aime quelqu'un, moins il faut qu'on le flatte;
A ne rien pardonner le pur amour éclate:
Et je bannirais, moi, tous ces lâches amants
Que je verrais soumis à tous mes sentiments,
Et dont, à tout propos, les molles complaisances
Donneraient de l'encens à mes extravagances.

CÉLIMÈNE.

Enfin, s'il faut qu'à vous s'en rapportent les cœurs,
On doit, pour bien aimer, renoncer aux douceurs,
Et du parfait amour mettre l'honneur suprême
A bien injurier les personnes qu'on aime.

ÉLIANTE.

L'amour, pour l'ordinaire, est peu fait à ces lois,
Et l'on voit les amants vanter toujours leur choix.
Jamais leur passion n'y voit rien de blâmable,
Et dans l'objet aimé tout leur devient aimable;
Ils comptent les défauts pour des perfections,
Et savent y donner de favorables noms.

La pâle est au jasmin en blancheur comparable;
La noire à faire peur, une brune adorable;
La maigre a de la taille et de la liberté;
La grasse est, dans son port, pleine de majesté;
La malpropre sur soi, de peu d'attraits chargée,
Est mise sous le nom de beauté négligée;
La géante paraît une déesse aux yeux;
La naine, un abrégé des merveilles des cieux;
L'orgueilleuse a le cœur digne d'une couronne;
La fourbe a de l'esprit, la sotte est toute bonne;
La trop grande parleuse est d'agréable humeur,
Et la muette garde une honnête pudeur.
C'est ainsi qu'un amant, dont l'ardeur est extrême,
Aime jusqu'aux défauts des personnes qu'il aime.

ALCESTE.

Et moi, je soutiens, moi...

CÉLIMÈNE. Brisons là ce discours,
Et dans la galerie allons faire deux tours.
Quoi! vous vous en allez, messieurs?

CLITANDRE *et* ACASTE. Non pas, madame.

ALCESTE.

La peur de leur départ occupe fort votre âme.
Sortez quand vous voudrez, messieurs; mais j'avertis
Que je ne sors qu'après que vous serez sortis.

ACASTE.

A moins de voir madame en être importunée,
Rien ne m'appelle ailleurs de toute la journée.

CLITANDRE.

Moi, pourvu que je puisse être au petit couché,
Je n'ai point d'autre affaire où je sois attaché.

CÉLIMÈNE, *à Alceste.*

C'est pour rire, je crois.

ALCESTE. Non, en aucune sorte.
Nous verrons si c'est moi que vous voudrez qui sorte.

SCÈNE VI.

ALCESTE, CÉLIMÈNE, ÉLIANTE, ACASTE, PHILINTE,
CLITANDRE, BASQUE.

BASQUE, *à Alceste.*
Monsieur, un homme est là qui voudrait vous parler
Pour affaire, dit-il, qu'on ne peut reculer.

ALCESTE.
Dis-lui que je n'ai point d'affaires si pressées.

BASQUE.
Il porte une jaquette à grand'basques plissées,
Avec du dor dessus.

CÉLIMÈNE, *à Alceste.* Allez voir ce que c'est,
Ou bien faites-le entrer.

SCÈNE VII.

ALCESTE, CÉLIMÈNE, ÉLIANTE, ACASTE, PHILINTE,
CLITANDRE, *un garde de la maréchaussée.*

ALCESTE, *allant au-devant du garde.*
Qu'est-ce donc qu'il vous plaît?
Venez, monsieur.

LE GARDE. Monsieur, j'ai deux mots à vous
[dire.

ALCESTE.
Vous pouvez parler haut, monsieur, pour m'en in-
[struire.

LE GARDE.
Messieurs les maréchaux, dont j'ai commandement,
Vous mandent de venir les trouver promptement,
Monsieur.

ALCESTE.
Qui? moi, monsieur?

LE GARDE. Vous-même.

ALCESTE. Et pourquoi faire?

PHILINTE, *à Alceste.*
C'est d'Oronte et de vous la ridicule affaire.

CÉLIMÈNE, *à Philinte.*
Comment?
PHILINTE. Oronte et lui se sont tantôt bravés
Sur certains petits vers qu'il n'a pas approuvés;
Et l'on veut assoupir la chose en sa naissance.
ALCESTE.
Moi, je n'aurai jamais de lâche complaisance.
PHILINTE.
Mais il faut suivre l'ordre : allons, disposez-vous.
ALCESTE.
Quel accommodement veut-on faire entre nous?
La voix de ces messieurs me condamnera-t-elle
A trouver bons les vers qui font notre querelle?
Je ne me dédis point de ce que j'en ai dit,
Je les trouve méchants.
PHILINTE. Mais d'un plus doux esprit...
ALCESTE.
Je n'en démordrai point, les vers sont exécrables.
PHILINTE.
Vous devez faire voir des sentiments traitables.
Allons, venez.
ALCESTE. J'irai; mais rien n'aura pouvoir
De me faire dédire.
PHILINTE. Allons vous faire voir.
ALCESTE.
Hors qu'un commandement exprès du roi me vienne
De trouver bons les vers dont on se met en peine,
Je soutiendrai toujours, morbleu! qu'ils sont mauvais,
Et qu'un homme est pendable après les avoir faits.
(A Clitandre et à Acaste, qui rient.)
Par la sambleu! messieurs, je ne croyais pas être
Si plaisant que je suis.
CÉLIMÈNE. Allez vite paraître
Où vous devez.
ALCESTE. J'y vais, madame; et sur mes pas
Je reviens en ce lieu pour vider nos débats.

ACTE TROISIÈME.

SCÈNE I.

CLITANDRE, ACASTE.

CLITANDRE.

Cher marquis, je te vois l'âme bien satisfaite ;
Toute chose t'égaie, et rien ne t'inquiète.
En bonne foi, crois-tu, sans t'éblouir les yeux,
Avoir de grands sujets de paraître joyeux?

ACASTE.

Parbleu! je ne vois pas, lorsque je m'examine,
Où prendre aucun sujet d'avoir l'âme chagrine.
J'ai du bien, je suis jeune, et sors d'une maison
Qui se peut dire noble avec quelque raison;
Et je crois, par le rang que me donne ma race,
Qu'il est fort peu d'emplois dont je ne sois en passe.
Pour le cœur, dont surtout nous devons faire cas,
On sait, sans vanité, que je n'en manque pas;
Et l'on m'a vu pousser dans le monde une affaire
D'une assez vigoureuse et gaillarde manière.
Pour de l'esprit, j'en ai, sans doute; et du bon goût,
A juger sans étude et raisonner de tout;
A faire aux nouveautés, dont je suis idolâtre,
Figure de savant sur les bancs du théâtre,
Y décider en chef, et faire du fracas
A tous les beaux endroits qui méritent des has!
Je suis assez adroit; j'ai bon air, bonne mine,
Les dents belles surtout, et la taille fort fine.
Quant à se mettre bien, je crois, sans me flatter,
Qu'on serait mal venu de me le disputer.
Je me vois dans l'estime autant qu'on y puisse être,
Fort aimé du beau sexe, et bien auprès du maître.
Je crois qu'avec cela, mon cher marquis, je croi
Qu'on peut, par tout pays, être content de soi.

CLITANDRE.

Oui. Mais, trouvant ailleurs des conquêtes faciles,
Pourquoi pousser ici des soupirs inutiles?

ACASTE.

Moi? Parbleu! je ne suis de taille ni d'humeur
A pouvoir d'une belle essuyer la froideur.
C'est aux gens mal tournés, aux mérites vulgaires,
A brûler constamment pour des beautés sévères,
A languir à leurs pieds et souffrir leurs rigueurs,
A chercher le secours des soupirs et des pleurs,
Et tâcher, par les soins d'une très-longue suite,
D'obtenir ce qu'on nie à leur peu de mérite.
Mais les gens de mon air, marquis, ne sont pas faits
Pour aimer à crédit et faire tous les frais.
Quelque rare que soit le mérite des belles,
Je pense, Dieu merci, qu'on vaut son prix comme elles;
Que, pour se faire honneur d'un cœur comme le mien,
Ce n'est pas la raison qu'il ne leur coûte rien;
Et qu'au moins, à tout mettre en de justes balances,
Il faut qu'à frais communs se fassent les avances.

CLITANDRE.

Tu penses donc, marquis, être fort bien ici?

ACASTE.

J'ai quelque lieu, marquis, de le penser ainsi.

CLITANDRE.

Crois-moi, détache-toi de cette erreur extrême:
Tu te flattes, mon cher, et t'aveugles toi-même.

ACASTE.

Il est vrai, je me flatte et m'aveugle en effet.

CLITANDRE.

Mais qui te fait juger ton bonheur si parfait?

ACASTE.

Je me flatte.

CLITANDRE. Sur quoi fonder tes conjectures?

ACASTE.

Je m'aveugle.

CLITANDRE. En as-tu des preuves qui soient sûres?
ACASTE.
Je m'abuse, te dis-je.
CLITANDRE. Est-ce que de ses vœux
Célimène t'a fait quelques secrets aveux?
ACASTE.
Non, je suis maltraité.
CLITANDRE. Réponds-moi, je te prie.
ACASTE.
Je n'ai que des rebuts.
CLITANDRE. Laissons la raillerie,
Et me dis quel espoir on peut t'avoir donné.
ACASTE.
Je suis le misérable, et toi le fortuné;
On a pour ma personne une aversion grande,
Et quelqu'un de ces jours il faut que je me pende.
CLITANDRE.
Oh! ça, veux-tu, marquis, pour ajuster nos vœux,
Que nous tombions d'accord d'une chose tous deux;
Que qui pourra montrer une marque certaine
D'avoir meilleure part au cœur de Célimène,
L'autre ici fera place au vainqueur prétendu
Et le délivrera d'un rival assidu?
ACASTE.
Ah! parbleu, tu me plais avec un tel langage,
Et, du bon de mon cœur, à cela je m'engage.
Mais chut.

SCÈNE II.

CÉLIMÈNE, ACASTE, CLITANDRE.

CÉLIMÈNE. Encore ici?
CLITANDRE. L'amour retient nos pas.
CÉLIMÈNE.
Je viens d'ouïr entrer un carrosse là-bas.
Savez-vous qui c'est?
CLITANDRE. Non.

SCÈNE III.

CÉLIMÈNE, ACASTE, CLITANDRE, BASQUE.

BASQUE. Arsinoé, madame,
Monte ici pour vous voir.
CÉLIMÈNE. Que me veut cette femme?
BASQUE.
Éliante là-bas est à l'entretenir.
CÉLIMÈNE.
De quoi s'avise-t-elle, et qui la fait venir?
ACASTE.
Pour prude consommée en tous lieux elle passe,
Et l'ardeur de son zèle...
CÉLIMÈNE. Oui, oui, franche grimace.
Dans l'âme elle est du monde; et ses soins tentent tout
Pour accrocher quelqu'un, sans en venir à bout.
Elle ne saurait voir qu'avec un œil d'envie
Les amants déclarés dont une autre est suivie;
Et son triste mérite, abandonné de tous,
Contre le siècle aveugle est toujours en courroux.
Elle tâche à couvrir d'un faux voile de prude
Ce que chez elle on voit d'affreuse solitude;
Et, pour sauver l'honneur de ses faibles appas,
Elle attache du crime au pouvoir qu'ils n'ont pas.
Cependant un amant plairait fort à la dame,
Et même pour Alceste elle a tendresse d'âme.
Ce qu'il me rend de soins outrage ses attraits;
Elle veut que ce soit un vol que je lui fais;
Et son jaloux dépit, qu'avec peine elle cache,
En tous endroits sous main contre moi se détache.
Enfin je n'ai rien vu de si sot à mon gré:
Elle est impertinente au suprême degré,
Et...

SCÈNE IV.

ARSINOÉ, CÉLIMÈNE, CLITANDRE, ACASTE.

CÉLIMÈNE. Ah! quel heureux sort en ce lieu vous [amène?
Madame, sans mentir, j'étais de vous en peine.

ARSINOÉ.
Je viens pour quelque avis que j'ai cru vous devoir.

CÉLIMÈNE.
Ah! mon Dieu! que je suis contente de vous voir!
(*Clitandre et Acaste sortent en riant.*)

SCÈNE V.

ARSINOÉ, CÉLIMÈNE.

ARSINOÉ.
Leur départ ne pouvait plus à propos se faire.

CÉLIMÈNE.
Voulons-nous nous asseoir?

ARSINOÉ. Il n'est pas nécessaire.
Madame, l'amitié doit surtout éclater
Aux choses qui le plus nous peuvent importer;
Et comme il n'en est point de plus grande importance
Que celles de l'honneur et de la bienséance,
Je viens, par un avis qui touche votre honneur,
Témoigner l'amitié que pour vous a mon cœur.
Hier j'étais chez des gens de vertu singulière,
Où sur vous du discours on tourna la matière;
Et là, votre conduite, avec ses grands éclats,
Madame, eut le malheur qu'on ne la loua pas.
Cette foule de gens dont vous souffrez visite,
Votre galanterie, et les bruits qu'elle excite,
Trouvèrent des censeurs plus qu'il n'aurait fallu,
Et bien plus rigoureux que je n'eusse voulu.
Vous pouvez bien penser quel parti je sus prendre :

Je fis ce que je pus pour vous pouvoir défendre;
Je vous excusai fort sur votre intention,
Et voulus de votre âme être la caution.
Mais vous savez qu'il est des choses dans la vie
Qu'on ne peut excuser, quoiqu'on en ait envie;
Et je me vis contrainte à demeurer d'accord
Que l'air dont vous vivez vous faisait un peu tort;
Qu'il prenait dans le monde une méchante face;
Qu'il n'est conte fâcheux que partout on n'en fasse;
Et que, si vous vouliez, tous vos déportements
Pourraient moins donner prise aux mauvais jugements.
Non que j'y croie au fond l'honnêteté blessée;
Me préserve le ciel d'en avoir la pensée!
Mais aux ombres du crime on prête aisément foi,
Et ce n'est pas assez de bien vivre pour soi.
Madame, je vous crois l'âme trop raisonnable
Pour ne pas prendre bien cet avis profitable,
Et pour l'attribuer qu'aux mouvements secrets
D'un zèle qui m'attache à tous vos intérêts.

CÉLIMÈNE.

Madame, j'ai beaucoup de grâces à vous rendre:
Un tel avis m'oblige; et, loin de le mal prendre,
J'en prétends reconnaître à l'instant la faveur
Par un avis aussi qui touche votre honneur;
Et comme je vous vois vous montrer mon amie,
En m'apprenant les bruits que de moi l'on publie,
Je veux suivre, à mon tour, un exemple si doux,
En vous avertissant de ce qu'on dit de vous.
En un lieu, l'autre jour, où je faisais visite,
Je trouvai quelques gens d'un très-rare mérite,
Qui, parlant des vrais soins d'une âme qui vit bien,
Firent tomber sur vous, madame, l'entretien.
Là, votre pruderie et vos éclats de zèle
Ne furent pas cités comme un fort bon modèle;
Cette affectation d'un grave extérieur,

Vos discours éternels de sagesse et d'honneur,
Vos mines et vos cris aux ombres d'indécence
Que d'un mot ambigu peut avoir l'innocence,
Cette hauteur d'estime où vous êtes de vous,
Et ces yeux de pitié que vous jetez sur tous,
Vos fréquentes leçons et vos aigres censures
Sur des choses qui sont innocentes et pures,
Tout cela, si je puis vous parler franchement,
Madame, fut blâmé d'un commun sentiment.
A quoi bon, disaient-ils, cette mine modeste
Et ce sage dehors que dément tout le reste?
Elle est à bien prier exacte au dernier point;
Mais elle bat ses gens, et ne les paye point.
Pour moi, contre chacun je pris votre défense,
Et leur assurai fort que c'était médisance;
Mais tous les sentiments combattirent le mien,
Et leur conclusion fut que vous feriez bien
De prendre moins de soin des actions des autres
Et de vous mettre un peu plus en peine des vôtres;
Qu'on doit se regarder soi-même un fort long temps
Avant que de songer à condamner les gens;
Qu'il faut mettre le poids d'une vie exemplaire
Dans les corrections qu'aux autres on veut faire;
Et qu'encor vaut-il mieux s'en remettre, au besoin,
A ceux à qui le ciel en a commis le soin.
Madame, je vous crois aussi trop raisonnable
Pour ne pas prendre bien cet avis profitable,
Et pour l'attribuer qu'aux mouvements secrets
D'un zèle qui m'attache à tous vos intérêts.

ARSINOÉ.

A quoi qu'en reprenant on soit assujettie,
Je ne m'attendais pas à cette repartie,
Madame; et je vois bien, par ce qu'elle a d'aigreur,
Que mon sincère avis vous a blessée au cœur.

CÉLIMÈNE.

Au contraire, madame; et, si l'on était sage,

Ces avis mutuels seraient mis en usage.
On détruirait par là, traitant de bonne foi,
Ce grand aveuglement où chacun est pour soi.
Il ne tiendra qu'à vous qu'avec le même zèle
Nous ne continuions cet office fidèle,
Et ne prenions grand soin de nous dire entre nous
Ce que nous entendrons, vous de moi, moi de vous.

ARSINOÉ.

Ah! madame, de vous je ne puis rien entendre;
C'est en moi que l'on peut trouver fort à reprendre.

CÉLIMÈNE.

Madame, on peut, je crois, louer et blâmer tout;
Et chacun a raison, suivant l'âge ou le goût.
Il est une saison pour la galanterie,
Il en est une aussi propre à la pruderie.
On peut, par politique, en prendre le parti,
Quand de nos jeunes ans l'éclat est amorti;
Cela sert à couvrir de fâcheuses disgrâces.
Je ne dis pas qu'un jour je ne suive vos traces:
L'âge amènera tout; et ce n'est pas le temps,
Madame, comme on sait, d'être prude à vingt ans.

ARSINOÉ.

Certes, vous vous targuez d'un bien faible avantage,
Et vous faites sonner terriblement votre âge.
Ce que de plus que vous on en pourrait avoir
N'est pas un si grand cas pour s'en tant prévaloir;
Et je ne sais pourquoi votre âme ainsi s'emporte,
Madame, à me pousser de cette étrange sorte.

CÉLIMÈNE.

Et moi, je ne sais pas, madame, aussi pourquoi
On vous voit en tous lieux vous déchaîner sur moi.
Faut-il de vos chagrins sans cesse à moi vous prendre,
Et puis-je mais des soins qu'on ne va pas vous rendre?
Si ma personne aux gens inspire de l'amour,
Et si l'on continue à m'offrir chaque jour
Des vœux que votre cœur peut souhaiter qu'on m'ôte,

Je n'y saurais que faire, et ce n'est pas ma faute;
Vous avez le champ libre, et je n'empêche pas
Que, pour les attirer, vous n'ayez des appas.

ARSINOÉ.

Hélas! et croyez-vous que l'on se mette en peine
De ce nombre d'amants dont vous faites la vaine,
Et qu'il ne nous soit pas fort aisé de juger
A quel prix aujourd'hui l'on peut les engager?
Pensez-vous faire croire, à voir comme tout roule,
Que votre seul mérite attire cette foule?
Qu'ils ne brûlent pour vous que d'un honnête amour,
Et que pour vos vertus ils vous font tous la cour?
On ne s'aveugle point par de vaines défaites;
Le monde n'est point dupe; et j'en vois qui sont faites
A pouvoir inspirer de tendres sentiments,
Qui chez elles pourtant ne fixent point d'amants;
Et de là nous pouvons tirer des conséquences
Qu'on n'acquiert point leurs cœurs sans de grandes
[avances;
Qu'aucun, pour nos beaux yeux, n'est notre soupirant,
Et qu'il faut acheter tous les soins qu'on nous rend.
Ne vous enflez donc point d'une si grande gloire
Pour les petits brillants d'une faible victoire;
Et corrigez un peu l'orgueil de vos appas,
De traiter pour cela les gens de haut en bas.
Si nos yeux enviaient les conquêtes des vôtres,
Je pense qu'on pourrait faire comme les autres,
Ne se point ménager, et vous faire bien voir
Que l'on a des amants quand on en veut avoir.

CÉLIMÈNE.

Ayez-en donc, madame, et voyons cette affaire;
Par ce rare secret efforcez-vous de plaire,
Et sans...

ARSINOÉ. Brisons, madame, un pareil entretien,
Il pousserait trop loin votre esprit et le mien;
Et j'aurais pris déjà le congé qu'il faut prendre,

Si mon carrosse encor ne m'obligeait d'attendre.

CÉLIMÈNE.

Autant qu'il vous plaira vous pouvez arrêter,
Madame ; et là-dessus rien ne doit vous hâter.
Mais, sans vous fatiguer de ma cérémonie,
Je m'en vais vous donner meilleure compagnie ;
Et monsieur, qu'à propos le hasard fait venir,
Remplira mieux ma place à vous entretenir.

SCÈNE VI.

ALCESTE, CÉLIMÈNE, ARSINOÉ.

CÉLIMÈNE.

Alceste, il faut que j'aille écrire un mot de lettre
Que, sans me faire tort, je ne saurais remettre.
Soyez avec madame ; elle aura la bonté
D'excuser aisément mon incivilité.

SCÈNE VII.

ALCESTE, ARSINOÉ.

ARSINOÉ.

Vous voyez, elle veut que je vous entretienne,
Attendant un moment que mon carrosse vienne ;
Et jamais tous ses soins ne pouvaient m'offrir rien
Qui me fût plus charmant qu'un pareil entretien.
En vérité, les gens d'un mérite sublime
Entraînent de chacun et l'amour et l'estime ;
Et le vôtre, sans doute, a des charmes secrets
Qui font entrer mon cœur dans tous vos intérêts.
Je voudrais que la cour, par un regard propice,
A ce que vous valez rendît plus de justice.
Vous avez à vous plaindre ; et je suis en courroux
Quand je vois chaque jour qu'on ne fait rien pour vous.

ALCESTE.

Moi, madame ! Et sur quoi pourrais-je en rien prétendre ?
Quel service à l'État est-ce qu'on m'a vu rendre ?

Qu'ai-je fait, s'il vous plaît, de si brillant de soi,
Pour me plaindre à la cour qu'on ne fait rien pour moi?

ARSINOÉ.

Tous ceux sur qui la cour jette des yeux propices
N'ont pas toujours rendu de ces fameux services;
Il faut l'occasion ainsi que le pouvoir.
Et le mérite enfin que vous nous faites voir
Devrait...

ALCESTE. Mon Dieu! laissons mon mérite, de grâce;
De quoi voulez-vous là que la cour s'embarrasse?
Elle aurait fort à faire, et ses soins seraient grands,
D'avoir à déterrer le mérite des gens.

ARSINOÉ.

Un mérite éclatant se déterre lui-même.
Du vôtre en bien des lieux on fait un cas extrême;
Et vous saurez de moi qu'en deux fort bons endroits
Vous fûtes hier loué par des gens d'un grand poids.

ALCESTE.

Eh! madame, l'on loue aujourd'hui tout le monde,
Et le siècle par là n'a rien qu'on ne confonde.
Tout est d'un grand mérite également doué,
Ce n'est plus un honneur que de se voir loué;
D'éloges on regorge, à la tête on les jette,
Et mon valet de chambre est mis dans la gazette.

ARSINOÉ.

Pour moi, je voudrais bien que, pour vous montrer mieux,
Une charge à la cour vous pût frapper les yeux.
Pour peu que d'y songer vous nous fassiez les mines,
On peut, pour vous servir, remuer des machines;
Et j'ai des gens en main que j'emploierai pour vous,
Qui vous feront à tout un chemin assez doux.

ALCESTE.

Et que voudriez-vous, madame, que j'y fisse?
L'humeur dont je me sens veut que je m'en bannisse;
Le ciel ne m'a point fait, en me donnant le jour,
Une âme compatible avec l'air de la cour.

Je ne me trouve point les vertus nécessaires
Pour y bien réussir et faire mes affaires.
Être franc et sincère est mon plus grand talent :
Je ne sais point jouer les hommes en parlant ;
Et qui n'a pas le don de cacher ce qu'il pense
Doit faire en ce pays fort peu de résidence.
Hors de la cour, sans doute, on n'a pas cet appui
Et ces titres d'honneur qu'elle donne aujourd'hui ;
Mais on n'a pas aussi, perdant ces avantages,
Le chagrin de jouer de fort sots personnages :
On n'a point à souffrir mille rebuts cruels,
On n'a point à louer les vers de messieurs tels,
A donner de l'encens à madame une telle,
Et de nos francs marquis essuyer la cervelle.

ARSINOÉ.

Laissons, puisqu'il vous plaît, ce chapitre de cour :
Mais il faut que mon cœur vous plaigne en votre amour ;
Et, pour vous découvrir là-dessus mes pensées,
Je souhaiterais fort vos ardeurs mieux placées.
Vous méritez sans doute un sort beaucoup plus doux,
Et celle qui vous charme est indigne de vous.

ALCESTE.

Mais en disant cela, songez-vous, je vous prie,
Que cette personne est, madame, votre amie ?

ARSINOÉ.

Oui. Mais ma conscience est blessée en effet
De souffrir plus longtemps le tort que l'on vous fait.
L'état où je vous vois afflige trop mon âme,
Et je vous donne avis qu'on trahit votre flamme.

ALCESTE.

C'est me montrer, madame, un tendre mouvement,
Et de pareils avis obligent un amant.

ARSINOÉ.

Oui, toute mon amie, elle est et je la nomme
Indigne d'asservir le cœur d'un galant homme ;

Et le sien n'a pour vous que de feintes douceurs.

ALCESTE.

Cela se peut, madame, on ne voit pas les cœurs;
Mais votre charité se serait bien passée
De jeter dans le mien une telle pensée.

ARSINOÉ.

Si vous ne voulez pas être désabusé,
Il faut ne vous rien dire; il est assez aisé.

ALCESTE.

Non. Mais sur ce sujet, quoi que l'on nous expose,
Les doutes sont fâcheux plus que toute autre chose;
Et je voudrais, pour moi, qu'on ne me fît savoir
Que ce qu'avec clarté l'on peut me faire voir.

ARSINOÉ.

Eh bien! c'est assez dit; et, sur cette matière,
Vous allez recevoir une pleine lumière.
Oui, je veux que de tout vos yeux vous fassent foi.
Donnez-moi seulement la main jusque chez moi;
Là je vous ferai voir une preuve fidèle
De l'infidélité du cœur de votre belle;
Et si pour d'autres yeux le vôtre peut brûler,
On pourra vous offrir de quoi vous consoler.

ACTE QUATRIÈME.

SCÈNE I.

ÉLIANTE, PHILINTE.

PHILINTE.

Non, l'on n'a point vu d'âme à manier si dure,
Ni d'accommodement plus pénible à conclure :
En vain de tous côtés on l'a voulu tourner,
Hors de son sentiment on n'a pu l'entraîner;
Et jamais différend si bizarre, je pense,

N'avait de ces messieurs occupé la prudence.
« Non, messieurs, disait-il, je ne me dédis point,
« Et tomberai d'accord de tout, hors de ce point.
« De quoi s'offense-t-il? et que veut-il me dire?
« Y va-t-il de sa gloire à ne pas bien écrire?
« Que lui fait mon avis, qu'il a pris de travers?
« On peut être honnête homme, et faire mal des vers:
« Ce n'est point à l'honneur que touchent ces matières.
« Je le tiens galant homme en toutes les manières,
« Homme de qualité, de mérite et de cœur,
« Tout ce qu'il vous plaira; mais fort méchant auteur.
« Je louerai, si l'on veut, son train et sa dépense,
« Son adresse à cheval, aux armes, à la danse;
« Mais, pour louer ses vers, je suis son serviteur;
« Et lorsque d'en mieux faire on n'a pas le bonheur,
« On ne doit de rimer avoir aucune envie,
« Qu'on n'y soit condamné sur peine de la vie. »
Enfin toute la grâce et l'accommodement
Où s'est avec effort plié son sentiment,
C'est de dire, croyant adoucir bien son style:
« Monsieur, je suis fâché d'être si difficile;
« Et, pour l'amour de vous, je voudrais, de bon cœur,
« Avoir trouvé tantôt votre sonnet meilleur. »
Et dans une embrassade on leur a, pour conclure,
Fait vite envelopper toute la procédure.

ÉLIANTE.

Dans ses façons d'agir il est fort singulier:
Mais, j'en fais, je l'avoue, un cas particulier;
Et la sincérité dont son âme se pique
A quelque chose en soi de noble et d'héroïque.
C'est une vertu rare au siècle d'aujourd'hui,
Et je la voudrais voir partout comme chez lui.

PHILINTE.

Pour moi, plus je le vois, plus surtout je m'étonne
De cette passion où son cœur s'abandonne.
De l'humeur dont le ciel a voulu le former,

Je ne sais pas comment il s'avise d'aimer;
Et je sais moins encor comment votre cousine
Peut être la personne où son penchant l'incline.

ÉLIANTE.

Cela fait assez voir que l'amour, dans les cœurs,
N'est pas toujours produit par un rapport d'humeurs;
Et toutes ces raisons de douces sympathies
Dans cet exemple-ci se trouvent démenties.

PHILINTE.

Mais croyez-vous qu'on l'aime, aux choses qu'on peut voir?

ÉLIANTE.

C'est un point qu'il n'est pas fort aisé de savoir.
Comment pouvoir juger s'il est vrai qu'elle l'aime?
Son cœur de ce qu'il sent n'est pas bien sûr lui-même;
Il aime quelquefois sans qu'il le sache bien,
Et croit aimer aussi, parfois, qu'il n'en est rien.

PHILINTE.

Je crois que notre ami, près de cette cousine,
Trouvera des chagrins plus qu'il ne s'imagine;
Et, s'il avait mon cœur, à dire vérité,
Il tournerait ses vœux tout d'un autre côté:
Et, par un choix plus juste, on le verrait, madame,
Profiter des bontés que lui montre votre âme.

ÉLIANTE.

Pour moi, je n'en fais point de façons, et je croi
Qu'on doit, sur de tels points, être de bonne foi.
Je ne m'oppose point à toute sa tendresse;
Au contraire, mon cœur pour elle s'intéresse;
Et, si c'était qu'à moi la chose pût tenir,
Moi-même à ce qu'il aime on me verrait l'unir.
Mais si dans un tel choix, comme tout se peut faire,
Son amour éprouvait quelque destin contraire,
S'il fallait que d'un autre on couronnât les feux,
Je pourrais me résoudre à recevoir ses vœux;
Et le refus souffert en pareille occurrence
Ne m'y ferait trouver aucune répugnance.

PHILINTE.

Et moi, de mon côté, je ne m'oppose pas,
Madame, à ces bontés qu'ont pour lui vos appas;
Et lui-même, s'il veut, il peut bien vous instruire
De ce que là-dessus j'ai pris soin de lui dire.
Mais si, par un hymen qui les joindrait eux deux,
Vous étiez hors d'état de recevoir ses vœux,
Tous les miens tenteraient la faveur éclatante
Qu'avec tant de bonté votre âme lui présente :
Heureux si, quand son cœur s'y pourra dérober,
Elle pouvait sur moi, madame, retomber!

ÉLIANTE.

Vous vous divertissez, Philinte.

PHILINTE. Non, madame,
Et je vous parle ici du meilleur de mon âme.
J'attends l'occasion de m'offrir hautement,
Et de tous mes souhaits j'en presse le moment.

SCÈNE II.

ALCESTE, ÉLIANTE, PHILINTE.

ALCESTE.

Ah! faites-moi raison, madame, d'une offense
Qui vient de triompher de toute ma constance.

ÉLIANTE.

Qu'est-ce donc? Qu'avez-vous qui vous puisse émouvoir?

ALCESTE.

J'ai ce que, sans mourir, je ne puis concevoir;
Et le déchaînement de toute la nature
Ne m'accablerait pas comme cette aventure.
C'en est fait... Mon amour... Je ne saurais parler.

ÉLIANTE.

Que votre esprit un peu tâche à se rappeler.

ALCESTE.

O juste ciel! faut-il qu'on joigne à tant de grâces

Les vices odieux des âmes les plus basses?

ÉLIANTE.

Mais encor, qui vous peut...

ALCESTE. Ah! tout est ruiné;

Je suis, je suis trahi, je suis assassiné.
Célimène... (eût-on pu croire cette nouvelle?)
Célimène me trompe, et n'est qu'une infidèle.

ÉLIANTE.

Avez-vous, pour le croire, un juste fondement?

PHILINTE.

Peut-être est-ce un soupçon conçu légèrement;
Et votre esprit jaloux prend parfois des chimères...

ALCESTE.

Ah! morbleu, mêlez-vous, monsieur, de vos affaires.
(*à Éliante.*)
C'est de sa trahison n'être que trop certain,
Que l'avoir, dans ma poche, écrite de sa main.
Oui, madame, une lettre, écrite pour Oronte,
A produit à mes yeux ma disgrâce et sa honte;
Oronte, dont j'ai cru qu'elle fuyait les soins,
Et que de mes rivaux je redoutais le moins.

PHILINTE.

Une lettre peut bien tromper par l'apparence,
Et n'est pas quelquefois si coupable qu'on pense.

ALCESTE.

Monsieur, encore un coup, laissez-moi, s'il vous plaît,
Et ne prenez souci que de votre intérêt.

ÉLIANTE.

Vous devez modérer vos transports; et l'outrage...

ALCESTE.

Madame, c'est à vous qu'appartient cet ouvrage;
C'est à vous que mon cœur a recours aujourd'hui
Pour pouvoir s'affranchir de son cuisant ennui.
Vengez-moi d'une ingrate et perfide parente
Qui trahit lâchement une ardeur si constante,
Vengez-moi de ce trait qui doit vous faire horreur.

ÉLIANTE.
Moi, vous venger? Comment?
ALCESTE. En recevant mon cœur.
Acceptez-le, madame, au lieu de l'infidèle :
C'est par là que je puis prendre vengeance d'elle;
Et je la veux punir par les sincères vœux,
Par le profond amour, les soins respectueux,
Les devoirs empressés et l'assidu service
Dont ce cœur va vous faire un ardent sacrifice.

ÉLIANTE.
Je compatis, sans doute, à ce que vous souffrez,
Et ne méprise point le cœur que vous m'offrez;
Mais peut-être le mal n'est pas si grand qu'on pense,
Et vous pourrez quitter ce désir de vengeance.
Lorsque l'injure part d'un objet plein d'appas,
On fait force desseins qu'on n'exécute pas;
On a beau voir, pour rompre, une raison puissante,
Une coupable aimée est bientôt innocente :
Tout le mal qu'on lui veut se dissipe aisément,
Et l'on sait ce que c'est qu'un courroux d'un amant.

ALCESTE.
Non, non, madame, non. L'offense est trop mortelle;
Il n'est point de retour, et je romps avec elle;
Rien ne saurait changer le dessein que j'en fais,
Et je me punirais de l'estimer jamais.
La voici. Mon courroux redouble à cette approche,
Je vais de sa noirceur lui faire un vif reproche,
Pleinement la confondre, et vous porter après
Un cœur tout dégagé de ses trompeurs attraits.

SCÈNE III.

CÉLIMÈNE, ALCESTE.

ALCESTE, *à part.*
O ciel! de mes transports puis-je être ici le maître?

CÉLIMÈNE, *à part.*
(*à Alceste.*) [tre?
Ouais! Quel est donc le trouble où je vous vois paraî-
Et que me veulent dire, et ces soupirs poussés,
Et ces sombres regards que sur moi vous lancez?

ALCESTE.

Que toutes les horreurs dont une âme est capable
A vos déloyautés n'ont rien de comparable;
Que le sort, les démons, et le ciel en courroux,
N'ont jamais rien produit de si méchant que vous.

CÉLIMÈNE.

Voilà certainement des douceurs que j'admire.

ALCESTE.

Ah! ne plaisantez point, il n'est pas temps de rire:
Rougissez bien plutôt, vous en avez raison;
Et j'ai de sûrs témoins de votre trahison.
Voilà ce que marquaient les troubles de mon âme:
Ce n'était pas en vain que s'alarmait ma flamme;
Par ces fréquents soupçons qu'on trouvait odieux,
Je cherchais le malheur qu'ont rencontré mes yeux;
Et, malgré tous vos soins et votre adresse à feindre,
Mon astre me disait ce que j'avais à craindre:
Mais ne présumez pas que, sans être vengé,
Je souffre le dépit de me voir outragé.
Je sais que sur les vœux on n'a point de puissance,
Que l'amour veut partout naître sans dépendance,
Que jamais par la force on n'entra dans un cœur,
Et que toute âme est libre à nommer son vainqueur.
Aussi ne trouverais-je aucun sujet de plainte,
Si pour moi votre bouche avait parlé sans feinte;
Et, rejetant mes vœux dès le premier abord,
Mon cœur n'aurait eu droit de s'en prendre qu'au sort:
Mais d'un aveu trompeur voir ma flamme applaudie,
C'est une trahison, c'est une perfidie
Qui ne saurait trouver de trop grands châtiments;
Et je puis tout permettre à mes ressentiments.

Oui, oui, redoutez tout après un tel outrage;
Je ne suis plus à moi, je suis tout à la rage.
Percé du coup mortel dont vous m'assassinez,
Mes sens par la raison ne sont plus gouvernés;
Je cède aux mouvements d'une juste colère,
Et je ne réponds pas de ce que je puis faire.

CÉLIMÈNE.

D'où vient donc, je vous prie, un tel emportement?
Avez-vous, dites-moi, perdu le jugement?

ALCESTE.

Oui, oui, je l'ai perdu, lorsque dans votre vue
J'ai pris, pour mon malheur, le poison qui me tue,
Et que j'ai cru trouver quelque sincérité
Dans les traîtres appas dont je fus enchanté.

CÉLIMÈNE.

De quelle trahison pouvez-vous donc vous plaindre?

ALCESTE.

Ah! que ce cœur est double, et sait bien l'art de feindre!
Mais, pour le mettre à bout, j'ai des moyens tout prêts.
Jetez ici les yeux, et connaissez vos traits:
Ce billet découvert suffit pour vous confondre,
Et contre ce témoin on n'a rien à répondre.

CÉLIMÈNE.

Voilà donc le sujet qui vous trouble l'esprit?

ALCESTE.

Vous ne rougissez pas en voyant cet écrit?

CÉLIMÈNE.

Et par quelle raison faut-il que j'en rougisse?

ALCESTE.

Quoi! vous joignez ici l'audace à l'artifice!
Le désavouerez-vous, pour n'avoir point de seing?

CÉLIMÈNE.

Pourquoi désavouer un billet de ma main?

ALCESTE.

Et vous pouvez le voir sans demeurer confuse
Du crime dont vers moi son style vous accuse!

CÉLIMÈNE.

Vous êtes, sans mentir, un grand extravagant.

ALCESTE.

Quoi! vous bravez ainsi ce témoin convaincant!
Et ce qu'il m'a fait voir de douceur pour Oronte
N'a donc rien qui m'outrage et qui vous fasse honte?

CÉLIMÈNE.

Oronte! Qui vous dit que la lettre est pour lui?

ALCESTE.

Les gens qui dans mes mains l'ont remise aujourd'hui.
Mais je veux consentir qu'elle soit pour un autre,
Mon cœur en a-t-il moins à se plaindre du vôtre?
En serez-vous vers moi moins coupable en effet?

CÉLIMÈNE.

Mais si c'est une femme à qui va ce billet,
En quoi vous blesse-t-il, et qu'a-t-il de coupable?

ALCESTE.

Ah! le détour est bon et l'excuse admirable.
Je ne m'attendais pas, je l'avoue, à ce trait:
Et me voilà par là convaincu tout à fait.
Osez-vous recourir à ces ruses grossières,
Et croyez-vous les gens si privés de lumières?
Voyons, voyons un peu par quel biais, de quel air,
Vous voulez soutenir un mensonge si clair;
Et comment vous pourrez tourner pour une femme
Tous les mots d'un billet qui montre tant de flamme.
Ajustez, pour couvrir un manquement de foi,
Ce que je m'en vais lire...

CÉLIMÈNE. Il ne me plaît pas, moi.
Je vous trouve plaisant d'user d'un tel empire,
Et de me dire au nez ce que vous m'osez dire.

ALCESTE.

Non, non, sans s'emporter, prenez un peu souci
De me justifier les termes que voici.

CÉLIMÈNE.

Non, je n'en veux rien faire, et, dans cette occurrence,

Tout ce que vous croirez m'est de peu d'importance.

ALCESTE.

De grâce, montrez-moi, je serai satisfait,
Qu'on peut pour une femme expliquer ce billet.

CÉLIMÈNE.

Non, il est pour Oronte; et je veux qu'on le croie.
Je reçois tous ses soins avec beaucoup de joie;
J'admire ce qu'il dit, j'estime ce qu'il est,
Et je tombe d'accord de tout ce qu'il vous plaît.
Faites, prenez parti, que rien ne vous arrête,
Et ne me rompez pas davantage la tête.

ALCESTE, *à part.*

Ciel! rien de plus cruel peut-il être inventé,
Et jamais cœur fut-il de la sorte traité?
Quoi! d'un juste courroux je suis ému contre elle,
C'est moi qui me viens plaindre, et c'est moi qu'on [querelle!
On pousse ma douleur et mes soupçons à bout,
On me laisse tout croire, on fait gloire de tout;
Et cependant mon cœur est encore assez lâche
Pour ne pouvoir briser la chaîne qui l'attache,
Et pour ne pas s'armer d'un généreux mépris
Contre l'ingrat objet dont il est trop épris!

(*à Célimène.*)

Ah! que vous savez bien ici contre moi-même,
Perfide, vous servir de ma faiblesse extrême,
Et ménager pour vous l'excès prodigieux
De ce fatal amour né de vos traîtres yeux!
Défendez-vous au moins d'un crime qui m'accable,
Et cessez d'affecter d'être envers moi coupable.
Rendez-moi, s'il se peut, ce billet innocent;
A vous prêter les mains ma tendresse consent;
Efforcez-vous ici de paraître fidèle,
Et je m'efforcerai, moi, de vous croire telle.

CÉLIMÈNE.

Allez, vous êtes fou dans vos transports jaloux,

Et ne méritez pas l'amour qu'on a pour vous.
Je voudrais bien savoir qui pourrait me contraindre
A descendre pour vous aux bassesses de feindre ;
Et pourquoi, si mon cœur penchait d'autre côté,
Je ne le dirais pas avec sincérité.
Quoi! de mes sentiments l'obligeante assurance
Contre tous vos soupçons ne prend pas ma défense?
Auprès d'un tel garant sont-ils de quelque poids?
N'est-ce pas m'outrager que d'écouter leur voix?
Et puisque notre cœur fait un effort extrême
Lorsqu'il peut se résoudre à confesser qu'il aime ;
Puisque l'honneur du sexe, ennemi de nos feux,
S'oppose fortement à de pareils aveux,
L'amant qui voit pour lui franchir un tel obstacle
Doit-il impunément douter de cet oracle?
Et n'est-il pas coupable, en ne s'assurant pas
A ce qu'on ne dit point qu'après de grands combats?
Allez, de tels soupçons méritent ma colère,
Et vous ne valez pas que l'on vous considère.
Je suis sotte, et veux mal à ma simplicité
De conserver encor pour vous quelque bonté;
Je devrais autre part attacher mon estime,
Et vous faire un sujet de plainte légitime.

ALCESTE.

Ah! traîtresse! mon faible est étrange pour vous;
Vous me trompez, sans doute, avec des mots si doux;
Mais il n'importe, il faut suivre ma destinée :
A votre foi mon âme est tout abandonnée;
Je veux voir jusqu'au bout quel sera votre cœur,
Et si de me trahir il aura la noirceur.

CÉLIMÈNE.

Non, vous ne m'aimez point comme il faut que l'on aime.

ALCESTE.

Ah! rien n'est comparable à mon amour extrême;
Et, dans l'ardeur qu'il a de se montrer à tous,
Il va jusqu'à former des souhaits contre vous.

Oui, je voudrais qu'aucun ne vous trouvât aimable,
Que vous fussiez réduite en un sort misérable;
Que le ciel, en naissant, ne vous eût donné rien;
Que vous n'eussiez ni rang, ni naissance, ni bien,
Afin que de mon cœur l'éclatant sacrifice
Vous pût d'un pareil sort réparer l'injustice;
Et que j'eusse la joie et la gloire en ce jour
De vous voir tenir tout des mains de mon amour.

CÉLIMÈNE.

C'est me vouloir du bien d'une étrange manière!
Me préserve le ciel que vous ayez matière...
Voici monsieur Dubois plaisamment figuré.

SCÈNE IV.

CÉLIMÈNE, ALCESTE, DUBOIS.

ALCESTE.

Que veut cet équipage et cet air effaré?
Qu'as-tu?

DUBOIS. Monsieur...

ALCESTE. Eh bien?

DUBOIS. Voici bien des mys-[tères.

ALCESTE.

Qu'est-ce?

DUBOIS. Nous sommes mal, monsieur, dans nos [affaires.

ALCESTE.

Quoi?

DUBOIS. Parlerai-je haut?

ALCESTE. Oui, parle, et promptement.

DUBOIS.

N'est-il point là quelqu'un?

ALCESTE. Ah! que d'amusement!
Veux-tu parler?

DUBOIS. Monsieur, il faut faire retraite.

ALCESTE.

Comment?

DUBOIS. Il faut d'ici déloger sans trompette.

ALCESTE.

Et pourquoi?

DUBOIS. Je vous dis qu'il faut quitter ce lieu.

ALCESTE.

La cause?

DUBOIS. Il faut partir, monsieur, sans dire adieu.

ALCESTE.

Mais par quelle raison me tiens-tu ce langage?

DUBOIS.

Par la raison, monsieur, qu'il faut plier bagage.

ALCESTE.

Ah! je te casserai la tête assurément,
Si tu ne veux, maraud, t'expliquer autrement.

DUBOIS.

Monsieur, un homme noir et d'habit et de mine
Est venu nous laisser, jusque dans la cuisine,
Un papier griffonné d'une telle façon,
Qu'il faudrait, pour le lire, être pis qu'un démon.
C'est de votre procès, je n'en fais aucun doute;
Mais le diable d'enfer, je crois, n'y verrait goutte.

ALCESTE.

Eh bien! quoi? Ce papier, qu'a-t-il à démêler,
Traître, avec le départ dont tu viens me parler?

DUBOIS.

C'est pour vous dire ici, monsieur, qu'une heure ensuite
Un homme qui souvent vous vient rendre visite
Est venu vous chercher avec empressement,
Et, ne vous trouvant pas, m'a chargé doucement,
Sachant que je vous sers avec beaucoup de zèle,
De vous dire... Attendez, comme est-ce qu'il s'appelle?

ALCESTE.

Laisse là son nom, traître, et dis ce qu'il t'a dit.

DUBOIS.

C'est un de vos amis; enfin, cela suffit.
Il m'a dit que d'ici votre péril vous chasse,
Et que d'être arrêté le sort vous y menace.

ALCESTE.

Mais quoi! n'a-t-il voulu te rien spécifier?

DUBOIS.

Non. Il m'a demandé de l'encre et du papier,
Et vous a fait un mot où vous pourrez, je pense,
Du fond de ce mystère avoir la connaissance.

ALCESTE.

Donne-le donc.

CÉLIMÈNE. Que peut envelopper ceci?

ALCESTE.

Je ne sais; mais j'aspire à m'en voir éclairci.
Auras-tu bientôt fait, impertinent au diable?

DUBOIS, *après avoir longtemps cherché le billet.*

Ma foi, je l'ai, monsieur, laissé sur votre table.

ALCESTE.

Je ne sais qui me tient...

CÉLIMÈNE. Ne vous emportez pas,

Et courez démêler un pareil embarras.

ALCESTE.

Il semble que le sort, quelque soin que je prenne,
Ait juré d'empêcher que je vous entretienne;
Mais, pour en triompher, souffrez à mon amour
De vous revoir, madame, avant la fin du jour.

ACTE CINQUIÈME.

SCÈNE I.

ALCESTE, PHILINTE.

ALCESTE.

La résolution en est prise, vous dis-je.

PHILINTE.

Mais, quel que soit ce coup, faut-il qu'il vous oblige...

ALCESTE.

Non, vous avez beau faire et beau me raisonner,
Rien de ce que je dis ne peut me détourner ;
Trop de perversité règne au siècle où nous sommes,
Et je veux me tirer du commerce des hommes.
Quoi ! contre ma partie on voit tout à la fois
L'honneur, la probité, la pudeur et les lois ;
On publie en tous lieux l'équité de ma cause ;
Sur la foi de mon droit mon âme se repose :
Cependant je me vois trompé par le succès,
J'ai pour moi la justice, et je perds mon procès !
Un traître, dont on sait la scandaleuse histoire,
Est sorti triomphant d'une fausseté noire !
Toute la bonne foi cède à sa trahison !
Il trouve, en m'égorgeant, moyen d'avoir raison !
Le poids de sa grimace, où brille l'artifice,
Renverse le bon droit et tourne la justice !
Il fait par un arrêt couronner son forfait !
Et, non content encor du tort que l'on me fait,
Il court parmi le monde un livre abominable,
Et de qui la lecture est même condamnable ;
Un livre à mériter la dernière rigueur,
Dont le fourbe a le front de me faire l'auteur !
Et là-dessus on voit Oronte qui murmure
Et tâche méchamment d'appuyer l'imposture !

Lui qui d'un honnête homme à la cour tient le rang,
A qui je n'ai fait rien qu'être sincère et franc,
Qui me vient malgré moi, d'une ardeur empressée,
Sur des vers qu'il a faits demander ma pensée ;
Et parce que j'en use avec honnêteté,
Et ne le veux trahir, lui, ni la vérité,
Il aide à m'accabler d'un crime imaginaire !
Le voilà devenu mon plus grand adversaire !
Et jamais de son cœur je n'aurai de pardon,
Pour n'avoir pas trouvé que son sonnet fût bon !
Et les hommes, morbleu ! sont faits de cette sorte !
C'est à ces actions que la gloire les porte !
Voilà la bonne foi, le zèle vertueux,
La justice et l'honneur que l'on trouve chez eux !
Allons, c'est trop souffrir les chagrins qu'on nous
Tirons-nous de ce bois et de ce coupe-gorge. [forge,
Puisque entre humains ainsi vous vivez en vrais loups,
Traîtres, vous ne m'aurez de ma vie avec vous.

PHILINTE.

Je trouve un peu bien prompt le dessein où vous êtes;
Et tout le mal n'est pas si grand que vous le faites.
Ce que votre partie ose vous imputer
N'a point eu le crédit de vous faire arrêter ;
On voit son faux rapport lui-même se détruire,
Et c'est une action qui pourrait bien lui nuire.

ALCESTE.

Lui ? de semblables tours il ne craint point l'éclat :
Il a permission d'être franc scélérat ;
Et, loin qu'à son crédit nuise cette aventure,
On l'en verra demain en meilleure posture.

PHILINTE.

Enfin, il est constant qu'on n'a point trop donné
Au bruit que contre vous sa malice a tourné ;
De ce côté déjà vous n'avez rien à craindre :
Et pour votre procès, dont vous pouvez vous plaindre,
Il vous est en justice aisé d'y revenir,

Et contre cet arrêt...

ALCESTE. Non, je veux m'y tenir.
Quelque sensible tort qu'un tel arrêt me fasse,
Je me garderai bien de vouloir qu'on le casse ;
On y voit trop à plein le bon droit maltraité,
Et je veux qu'il demeure à la postérité
Comme une marque insigne, un fameux témoignage
De la méchanceté des hommes de notre âge.
Ce sont vingt mille francs qu'il m'en pourra coûter ;
Mais pour vingt mille francs j'aurai droit de pester
Contre l'iniquité de la nature humaine,
Et de nourrir pour elle une immortelle haine.

PHILINTE.

Mais enfin...

ALCESTE. Mais enfin vos soins sont superflus.
Que pouvez-vous, monsieur, me dire là-dessus ?
Aurez-vous bien le front de me vouloir, en face,
Excuser les horreurs de tout ce qui se passe ?

PHILINTE.

Non, je tombe d'accord de tout ce qu'il vous plaît.
Tout marche par cabale et par pur intérêt ;
Ce n'est plus que la ruse aujourd'hui qui l'emporte,
Et les hommes devraient être faits d'autre sorte :
Mais est-ce une raison que leur peu d'équité,
Pour vouloir se tirer de leur société ?
Tous ces défauts humains nous donnent, dans la vie,
Des moyens d'exercer notre philosophie :
C'est le plus bel emploi que trouve la vertu ;
Et si de probité tout était revêtu,
Si tous les cœurs étaient francs, justes et dociles,
La plupart des vertus nous seraient inutiles,
Puisqu'on en met l'usage à pouvoir, sans ennui,
Supporter dans nos droits l'injustice d'autrui ;
Et, de même qu'un cœur d'une vertu profonde...

ALCESTE.

Je sais que vous parlez, monsieur, le mieux du monde ;

En beaux raisonnements vous abondez toujours ;
Mais vous perdez le temps et tous vos beaux discours.
La raison, pour mon bien, veut que je me retire :
Je n'ai point sur ma langue un assez grand empire ;
De ce que je dirais je ne répondrais pas,
Et je me jetterais cent choses sur les bras.
Laissez-moi, sans dispute, attendre Célimène.
Il faut qu'elle consente au dessein qui m'amène :
Je vais voir si son cœur a de l'amour pour moi ;
Et c'est ce moment-ci qui doit m'en faire foi.

PHILINTE.

Montons chez Éliante, attendant sa venue.

ALCESTE.

Non, de trop de souci je me sens l'âme émue.
Allez-vous-en la voir, et me laissez enfin
Dans ce petit coin sombre avec mon noir chagrin.

PHILINTE.

C'est une compagnie étrange pour attendre ;
Et je vais obliger Éliante à descendre.

SCÈNE II.

CÉLIMÈNE, ORONTE, ALCESTE.

ORONTE.

Oui, c'est à vous de voir si par des nœuds si doux,
Madame, vous voulez m'attacher tout à vous.
Il me faut de votre âme une pleine assurance :
Un amant là-dessus n'aime point qu'on balance.
Si l'ardeur de mes feux a pu vous émouvoir,
Vous ne devez point feindre à me le faire voir ;
Et la preuve, après tout, que je vous en demande,
C'est de ne plus souffrir qu'Alceste vous prétende,
De le sacrifier, madame, à mon amour,
Et de chez vous enfin le bannir dès ce jour.

CÉLIMÈNE.

Mais quel sujet si grand contre lui vous irrite,

Vous à qui j'ai tant vu parler de son mérite ?

ORONTE.

Madame, il ne faut point ces éclaircissements ;
Il s'agit de savoir quels sont vos sentiments.
Choisissez, s'il vous plaît, de garder l'un ou l'autre :
Ma résolution n'attend rien que la vôtre.

ALCESTE, *sortant du coin où il était.*

Oui, monsieur a raison ; madame, il faut choisir ;
Et sa demande ici s'accorde à mon désir.
Pareille ardeur me presse, et même soin m'amène ;
Mon amour veut du vôtre une marque certaine :
Les choses ne sont plus pour traîner en longueur,
Et voici le moment d'expliquer votre cœur.

ORONTE.

Je ne veux point, monsieur, d'une flamme importune
Troubler aucunement votre bonne fortune.

ALCESTE.

Je ne veux point, monsieur, jaloux ou non jaloux,
Partager de son cœur rien du tout avec vous.

ORONTE.

Si votre amour au mien lui semble préférable...

ALCESTE.

Si du moindre penchant elle est pour vous capable...

ORONTE.

Je jure de n'y rien prétendre désormais.

ALCESTE.

Je jure hautement de ne la voir jamais.

ORONTE.

Madame, c'est à vous de parler sans contrainte.

ALCESTE.

Madame, vous pouvez vous expliquer sans crainte.

ORONTE.

Vous n'avez qu'à nous dire où s'attachent vos vœux.

ALCESTE.

Vous n'avez qu'à trancher, et choisir de nous deux.

ORONTE.

Quoi ! sur un pareil choix vous semblez être en peine !

ALCESTE.

Quoi ! votre âme balance et paraît incertaine !

CÉLIMÈNE.

Mon Dieu ! que cette instance est là hors de saison !
Et que vous témoignez tous deux peu de raison !
Je sais prendre parti sur cette préférence,
Et ce n'est pas mon cœur maintenant qui balance :
Il n'est point suspendu sans doute entre vous deux ;
Et rien n'est sitôt fait que le choix de nos vœux.
Mais je souffre, à vrai dire, une gêne trop forte
A prononcer en face un aveu de la sorte :
Je trouve que ces mots, qui sont désobligeants,
Ne se doivent point dire en présence des gens ;
Qu'un cœur de son penchant donne assez de lumière,
Sans qu'on nous fasse aller jusqu'à rompre en visière ;
Et qu'il suffit enfin que de plus doux témoins
Instruisent un amant du malheur de ses soins.

ORONTE.

Non, non, un franc aveu n'a rien que j'appréhende ;
J'y consens pour ma part.

ALCESTE. Et moi, je le demande ;
C'est son éclat surtout qu'ici j'ose exiger,
Et je ne prétends point vous voir rien ménager.
Conserver tout le monde est votre grande étude :
Mais plus d'amusement, et plus d'incertitude ;
Il faut vous expliquer nettement là-dessus,
Ou bien pour un arrêt je prends votre refus ;
Je saurai, de ma part, expliquer ce silence,
Et me tiendrai pour dit tout le mal que j'en pense.

ORONTE.

Je vous sais fort bon gré, monsieur, de ce courroux,
Et je lui dis ici même chose que vous.

CÉLIMÈNE.

Que vous me fatiguez avec un tel caprice !

Ce que vous demandez a-t-il de la justice?
Et ne vous dis-je pas quel motif me retient?
J'en vais prendre pour juge Éliante qui vient.

SCÈNE III.

ÉLIANTE, PHILINTE, CÉLIMÈNE, ORONTE, ALCESTE.

CÉLIMÈNE.

Je me vois, ma cousine, ici persécutée
Par des gens dont l'humeur y paraît concertée.
Ils veulent l'un et l'autre, avec même chaleur,
Que je prononce entre eux le choix que fait mon cœur,
Et que, par un arrêt qu'en face il me faut rendre,
Je défende à l'un d'eux tous les soins qu'il peut pren-
Dites-moi si jamais cela se fait ainsi. [dre.

ÉLIANTE.

N'allez point là-dessus me consulter ici;
Peut-être y pourriez-vous être mal adressée,
Et je suis pour les gens qui disent leur pensée.

ORONTE.

Madame, c'est en vain que vous vous défendez.

ALCESTE.

Tous vos détours ici seront mal secondés.

ORONTE.

Il faut, il faut parler, et lâcher la balance.

ALCESTE.

Il ne faut que poursuivre à garder le silence.

ORONTE.

Je ne veux qu'un seul mot pour finir nos débats.

ALCESTE.

Et moi, je vous entends, si vous ne parlez pas.

SCÈNE IV.

ARSINOÉ, CÉLIMÈNE, ÉLIANTE, ALCESTE, PHILINTE, ACASTE, CLITANDRE, ORONTE.

ACASTE, *à Célimène.*

Madame, nous venons tous deux, sans vous déplaire,
Éclaircir avec vous une petite affaire.

CLITANDRE, *à Oronte et à Alceste.*

Fort à propos, messieurs, vous vous trouvez ici;
Et vous êtes mêlés dans cette affaire aussi.

ARSINOÉ, *à Célimène.*

Madame, vous serez surprise de ma vue;
Mais ce sont ces messieurs qui causent ma venue :
Tous deux ils m'ont trouvée, et se sont plaints à moi
D'un trait à qui mon cœur ne saurait prêter foi.
J'ai du fond de votre âme une trop haute estime
Pour vous croire jamais capable d'un tel crime;
Mes yeux ont démenti leurs témoins les plus forts,
Et, l'amitié passant sur de petits discords,
J'ai bien voulu chez vous leur faire compagnie,
Pour vous voir vous laver de cette calomnie.

ACASTE.

Oui, madame, voyons d'un esprit adouci
Comment vous vous prendrez à soutenir ceci.
Cette lettre, par vous, est écrite à Clitandre.

CLITANDRE.

Vous avez pour Acaste écrit ce billet tendre.

ACASTE, *à Oronte et à Alceste.*

Messieurs, ces traits pour vous n'ont point d'obscurité,
Et je ne doute pas que sa civilité
A connaître sa main n'ait trop su vous instruire.
Mais ceci vaut assez la peine de le lire :

« Vous êtes un étrange homme de condamner mon en-« jouement, et de me reprocher que je n'ai jamais tant de

« joie que lorsque je ne suis pas avec vous. Il n'y a rien de « plus injuste ; et si vous ne venez bien vite me demander « pardon de cette offense, je ne vous la pardonnerai de ma « vie. Notre grand flandrin de vicomte...

Il devrait être ici.

« Notre grand flandrin de vicomte, par qui vous commencez « vos plaintes, est un homme qui ne saurait me revenir ; et « depuis que je l'ai vu, trois quarts d'heure durant, cracher « dans un puits pour faire des ronds, je n'ai jamais pu prendre « bonne opinion de lui. Pour le petit marquis...

C'est moi-même, messieurs, sans nulle vanité.

« Pour le petit marquis, qui me tint hier longtemps la main, « je trouve qu'il n'y a rien de si mince que toute sa per- « sonne, et ce sont de ces mérites qui n'ont que la cape et « l'épée. Pour l'homme aux rubans verts...

(*A Alceste.*)

A vous le dé, monsieur.

« Pour l'homme aux rubans verts, il me divertit quelquefois « avec ses brusqueries et son chagrin bourru ; mais il est « cent moments où je le trouve le plus fâcheux du monde. « Et pour l'homme au sonnet...

(*A Oronte.*)

Voici votre paquet.

« Et pour l'homme au sonnet, qui s'est jeté dans le bel es- « prit, et veut être auteur malgré tout le monde, je ne puis « me donner la peine d'écouter ce qu'il dit ; et sa prose me « fatigue autant que ses vers. Mettez-vous donc en tête que « je ne me divertis pas toujours si bien que vous pensez ; que « je trouve à dire plus que je ne voudrais dans toutes les par- « ties où l'on m'entraîne ; et que c'est un merveilleux assai- « sonnement aux plaisirs qu'on goûte, que la présence des « gens qu'on aime.

CLITANDRE.

Me voici maintenant, moi.

« Votre Clitandre, dont vous me parlez, et qui fait tant le « doucereux, est le dernier des hommes pour qui j'aurais « de l'amitié. Il est extravagant de se persuader qu'on l'aime; « et vous l'êtes de croire qu'on ne vous aime pas. Changez, « pour être raisonnable, vos sentiments contre les siens; et « voyez-moi le plus que vous pourrez, pour m'aider à porter « le chagrin d'en être obsédée. »

D'un fort beau caractère on voit là le modèle,
Madame; et vous savez comment cela s'appelle.
Il suffit. Nous allons, l'un et l'autre, en tous lieux
Montrer de votre cœur le portrait glorieux.

ACASTE.

J'aurais de quoi vous dire, et belle est la matière;
Mais je ne vous tiens pas digne de ma colère;
Et je vous ferai voir que les petits marquis
Ont, pour se consoler, des cœurs du plus haut prix.

SCÈNE V.

CÉLIMÈNE, ÉLIANTE, ARSINOÉ, ALCESTE, ORONTE, PHILINTE.

ORONTE.

Quoi! de cette façon je vois qu'on me déchire,
Après tout ce qu'à moi je vous ai vu m'écrire!
Et votre cœur, paré de beaux semblants d'amour,
A tout le genre humain se promet tour à tour!
Allez, j'étais trop dupe, et je vais ne plus l'être;
Vous me faites un bien, me faisant vous connaître:
J'y profite d'un cœur qu'ainsi vous me rendez,
Et trouve ma vengeance en ce que vous perdez.

(*A Alceste.*)
Monsieur, je ne fais plus d'obstacle à votre flamme,
Et vous pouvez conclure affaire avec madame.

SCÈNE VI.

CÉLIMÈNE, ÉLIANTE, ARSINOÉ, ALCESTE, PHILINTE.

ARSINOÉ, *à Célimène.*
Certes, voilà le trait du monde le plus noir;
Je ne m'en saurais taire, et me sens émouvoir.
Voit-on des procédés qui soient pareils aux vôtres?
Je ne prends point de part aux intérêts des autres;
(*montrant Alceste.*)
Mais monsieur, que chez vous fixait votre bonheur,
Un homme, comme lui, de mérite et d'honneur,
Et qui vous chérissait avec idolâtrie,
Devait-il...

ALCESTE. Laissez-moi, madame, je vous prie,
Vider mes intérêts moi-même là-dessus;
Et ne vous chargez point de ces soins superflus.
Mon cœur a beau vous voir prendre ici sa querelle,
Il n'est point en état de payer ce grand zèle;
Et ce n'est pas à vous que je pourrai songer,
Si par un autre choix je cherche à me venger.

ARSINOÉ.
Eh! croyez-vous, monsieur, qu'on ait cette pensée,
Et que de vous avoir on soit tant empressée?
Je vous trouve un esprit bien plein de vanité,
Si de cette créance il peut s'être flatté.
Le rebut de madame est une marchandise
Dont on aurait grand tort d'être si fort éprise.
Détrompez-vous, de grâce, et portez-le moins haut:
Ce ne sont pas des gens comme moi qu'il vous faut.
Vous ferez bien encor de soupirer pour elle,
Et je brûle de voir une union si belle.

SCÈNE VII.

CÉLIMÈNE, ÉLIANTE, ALCESTE, PHILINTE.

ALCESTE, *à Célimène.*
Eh bien! je me suis tu, malgré ce que je voi,
Et j'ai laissé parler tout le monde avant moi.
Ai-je pris sur moi-même un assez long empire?
Et puis-je maintenant...
CÉLIMÈNE. Oui, vous pouvez tout dire;
Vous en êtes en droit, lorsque vous vous plaindrez,
Et de me reprocher tout ce que vous voudrez.
J'ai tort, je le confesse; et mon âme confuse
Ne cherche à vous payer d'aucune vaine excuse.
J'ai des autres ici méprisé le courroux;
Mais je tombe d'accord de mon crime envers vous.
Votre ressentiment, sans doute, est raisonnable;
Je sais combien je dois vous paraître coupable,
Que toute chose dit que j'ai pu vous trahir,
Et qu'enfin vous avez sujet de me haïr.
Faites-le, j'y consens.
ALCESTE. Eh! le puis-je, traîtresse?
Puis-je ainsi triompher de toute ma tendresse?
Et, quoique avec ardeur je veuille vous haïr,
Trouvé-je un cœur en moi tout prêt à m'obéir?
(*à Eliante et à Philinte.*)
Vous voyez ce que peut une indigne tendresse,
Et je vous fais tous deux témoins de ma faiblesse.
Mais, à vous dire vrai, ce n'est pas encor tout,
Et vous allez me voir la pousser jusqu'au bout,
Montrer que c'est à tort que sages on nous nomme,
Et que dans tous les cœurs il est toujours de l'homme.
(*à Célimène.*)
Oui, je veux bien, perfide, oublier vos forfaits;
J'en saurai, dans mon âme, excuser tous les traits,

Et me les couvrirai du nom d'une faiblesse
Où le vice du temps porte votre jeunesse,
Pourvu que votre cœur veuille donner les mains
Au dessein que j'ai fait de fuir tous les humains,
Et que dans mon désert, où j'ai fait vœu de vivre,
Vous soyez, sans tarder, résolue à me suivre.
C'est par là seulement que, dans tous les esprits,
Vous pouvez réparer le mal de vos écrits,
Et qu'après cet éclat qu'un noble cœur abhorre,
Il peut m'être permis de vous aimer encore.

CÉLIMÈNE.

Moi, renoncer au monde avant que de vieillir,
Et dans votre désert aller m'ensevelir!

ALCESTE.

Et s'il faut qu'à mes feux votre flamme réponde,
Que vous doit importer tout le reste du monde?
Vos désirs avec moi ne sont-ils pas contents?

CÉLIMÈNE.

La solitude effraye une âme de vingt ans.
Je ne sens point la mienne assez grande, assez forte,
Pour me résoudre à prendre un dessein de la sorte.
Si le don de ma main peut contenter vos vœux,
Je pourrai me résoudre à serrer de tels nœuds;
Et l'hymen...

ALCESTE. Non. Mon cœur à présent vous déteste,
Et ce refus lui seul fait plus que tout le reste.
Puisque vous n'êtes point, en des liens si doux,
Pour trouver tout en moi, comme moi tout en vous,
Allez, je vous refuse; et ce sensible outrage
De vos indignes fers pour jamais me dégage.

SCÈNE VIII.

ÉLIANTE, ALCESTE, PHILINTE.

ALCESTE, *à Eliante.*
Madame, cent vertus ornent votre beauté,
Et je n'ai vu qu'en vous de la sincérité;
De vous depuis longtemps je fais un cas extrême,
Mais laissez-moi toujours vous estimer de même,
Et souffrez que mon cœur, dans ses troubles divers,
Ne se présente point à l'honneur de vos fers :
Je m'en sens trop indigne, et commence à connaître
Que le ciel pour ce nœud ne m'avait point fait naître;
Que ce serait pour vous un hommage trop bas,
Que le rebut d'un cœur qui ne vous valait pas;
Et qu'enfin...

ÉLIANTE. Vous pouvez suivre cette pensée:
Ma main de se donner n'est pas embarrassée;
Et voilà votre ami, sans trop m'inquiéter,
Qui, si je l'en priais, la pourrait accepter.

PHILINTE.
Ah! cet honneur, madame, est toute mon envie,
Et j'y sacrifierais et mon sang et ma vie.

ALCESTE.
Puissiez-vous, pour goûter de vrais contentements,
L'un pour l'autre à jamais garder ces sentiments!
Trahi de toutes parts, accablé d'injustices,
Je vais sortir d'un gouffre où triomphent les vices,
Et chercher sur la terre un endroit écarté
Où d'être homme d'honneur on ait la liberté.

PHILINTE.
Allons, madame, allons employer toute chose
Pour rompre le dessein que son cœur se propose.

FIN DU MISANTHROPE.

www.ingramcontent.com/pod-product-compliance
Lightning Source LLC
LaVergne TN
LVHW020414230826
846091LV00004B/1286

* 9 7 8 2 0 1 2 1 5 0 9 0 4 *